大学的意义

蒋洪新　著

外语教学与研究出版社
FOREIGN LANGUAGE TEACHING AND RESEARCH PRESS
北京 BEIJING

图书在版编目（CIP）数据

大学的意义／蒋洪新著．－－ 北京 ：外语教学与研究出版社，2017.7
ISBN 978-7-5135-9295-6

Ⅰ．①大… Ⅱ．①蒋… Ⅲ．①高等教育－文集 Ⅳ．①G64-53

中国版本图书馆 CIP 数据核字 (2017) 第 179596 号

出 版 人　蔡剑峰
责任编辑　程　序
装帧设计　黄　浩
出版发行　外语教学与研究出版社
社　　址　北京市西三环北路 19 号（100089）
网　　址　http://www.fltrp.com
印　　刷　北京盛通印刷股份有限公司
开　　本　880×1230　1/32
印　　张　4.5
版　　次　2017 年 10 月第 1 版 2017 年 10 月第 1 次印刷
书　　号　ISBN 978-7-5135-9295-6
定　　价　59.90 元

购书咨询：（010）88819926　电子邮箱：club@fltrp.com
外研书店：https://waiyants.tmall.com
凡印刷、装订质量问题，请联系我社印制部
联系电话：（010）61207896　电子邮箱：zhijian@fltrp.com
凡侵权、盗版书籍线索，请联系我社法律事务部
举报电话：（010）88817519　电子邮箱：banquan@fltrp.com
法律顾问：立方律师事务所　刘旭东律师
　　　　　中咨律师事务所　殷　斌律师
物料号：292950001

蒋洪新

　　1964年11月生，湖南永州人，文学博士，教授，博士生导师。国务院学科评议组成员、国家新世纪"百千万人才工程"人选。现任湖南师范大学校长。

写在前面的话

　　英国教育家纽曼（John Henry Newman, 1801 — 1890）曾说过，一位好的大学校长是理想与行动兼备的人，必然将大学的理念付诸实践。[1] 此话切中肯綮。仅有理想不付诸行动，就是夸夸其谈，不会有成效；光靠猛干苦干，不冷静深入思考，则会偏离方向，甚至会干出傻事错事。教育家陶行知（1891 — 1946）先生早在上世纪初就将教育家分为三种："一种是政客教育家，他只会运动，把持，说官话；一种是书生的教育家，他只会读书，教书，做文章；一种是经验的教育家，他只会盲行，盲动，闷起头来，办……办……办。"[2] 对这三种类型的教育家，陶行知先生都不满意。他认为第一流的教育家应该是有思想、敢创新的人。同时他还提醒："做一个学校校长，谈何容易！说得小些，他关系千百人的学业前途；说得大些，他关系国

1　约翰·亨利·纽曼.大学的理想.徐辉,等,译.杭州：浙江教育出版社, 2001：9.

2　陶行知.中国教育改造.北京：人民出版社, 2008：14.

家与学术之兴衰。"[1]因此,做好校长,就得做整个的校长,全身心投入,而不是命分式的人。以陶行知先生的话作座右铭,我只能学中思,思中干,干中又学,学中又思,全心全意谋发展,真抓实干图进步。这组文字就是这种思考与行动的记录。

1 陶行知.中国教育改造.北京:人民出版社. 2008: 40.

目　录

大学的诞生

　　大学于何时诞生？对于这个问题，人们一直有不同看法。我倾向于德国哲学家阿伦特（Hannah Arendt，1906 — 1975）的观点，尽管古希腊的学园并未成为长期性的教育机构，但其在哲学、修辞、几何和法律等方面的教学成就却闪耀着永恒的光辉。因此，大学起源可"追溯古希腊。回顾这种传统的草创期，我们回想起柏拉图学园"。[1]

右图
柏拉图学园
遗址

　　公元前399年，柏拉图（Plato，公元前427 — 前347）在恩师苏格拉底（Socrates，公元前469 — 前399）被判死刑后，逃离雅典到梅加腊、西西里岛、南意大利、埃及等地，开始了长达12年的游学生涯，当他再次踏上

1　陈传钊.阿伦特两论：大学、同情的局限性及其危险性 [J].中国图书评论，2007（1）.

故土时已到了不惑之年。公元前387年，柏拉图在雅典西北郊外的克菲索河边开办了一座学园。为纪念当地一名叫阿卡德米（Academus）的战斗英雄，他将这座学园命名为Academy（阿卡德米学园），即柏拉图学园。柏拉图学园是欧洲第一所综合性学校，开设课程主要有哲学、政治、法律、算术、几何、天文、音乐等，教学方式主要是师生之间对话与辩论。在这里，柏拉图不仅写出了他一生中主要的哲学著作，还教授了亚里士多德（Aristotle，约公元前384 — 前322）等一批门徒。由于学园的独特功能使其具有了一种特别的生命力，学园一直持续了900余年，直到公元529年才因战乱而关闭。

当然，柏拉图学园尚不能称之为大学，因为"像苏格拉底这样伟大的导师，他是不发毕业证书的。而在现代，一个学生假如在他那里学习了三个月，他肯定会要一个证书"。[1]中世纪的"大学"（拉丁文: universitas），专指12世纪末在西欧出现的一种高等教育机构，这种机构形成了自己独有的特征，如组成了系（faculty）和学院（college），开设了规定课程，实施了正式考试，雇用了稳定的教师，并颁发毕业文凭或授予学位等。

第一所具有上述五个基本特征的大学是博洛尼亚大学（拉丁文: Alma Mater Studiorum）。据说，博洛尼亚有一位叫格雷希恩（Gratian，1095 — 1150）的僧侣，他写了一本教会法律书，吸引了许多来听讲的人。他们为了

1 查尔斯·霍默·哈斯金斯.大学的兴起.梅义征，译.上海：上海三联书店，2007：1.

保护自己不受地主、房东和旅馆老板的欺负，于是就组织了"基尔特"（Guild），也称为互助会，由此形成了博洛尼亚大学雏形。随后，大学如雨后春笋般在欧洲各地涌现。如，巴黎大学在1215年获得教皇特使颁布的巴黎大学章程后，旋即取消了圣母院主事的控制权，巴黎的教师协会获得了合法团体的资格，至此完成了由习惯认可的大学到被法律承认的大学的转变。巴黎大学的贡献远不止于此，部分学者曾走出法国，于1168年在英国创办了牛津大学；41年后，牛津大学的部分学者又创办了剑桥大学。这一时期，大学作为一种独立自主的机构，享有高度的自治权，并为后世大学留下了自主办学的传统。

右图
博洛尼亚大学

现代意义上的大学开始于19世纪初。1809年，普鲁士王国内务部文教总管洪堡（Wilhelm von Humboldt, 1767－1835）在柏林筹办德国第一所综合性高等学校——柏林大学，1810年10月正式开学。正是柏林大学的创立，标志着现代大学的诞生。现代大学与中世纪大学的根本区别在于大学职能的转变。传统大学是传授已有知识的场所，将研究和发现知识排斥在大学之外，而现代大学则将科学研究作为自己的主要职能，将增扩人类的知识和培养科学工作者作为自己的主要任务，推崇"学术自由"和"教学与研究的统一"。柏林大学的这一精神不仅推动了德国的科学事业发达昌盛，对世界高等教育也产生了深远影响，为现代大学的形成奠定了基础。

我国有着悠久的书院史，居北宋四大书院之首的石鼓书院（位于湖南省衡阳市）始建于唐元和五年（公元810年），迄今已有1200年历史；如果追溯到长安太学，我国高等教育则已有2100多年历史，均早于欧洲中世纪的大学。尽管在草创之初我国的学院制度与欧洲中世纪大学具有很多的相似性，但是在中国却没有诞生最早的近代大学。在我国高等教育史上，同样也存在着"李约瑟难题"。[1]对于哪一所大学才是中国近代第一所大学这个问题，人们长期争论不止，众说纷纭。从逻辑上讲，答案理应是唯一的，但是由于"大学"一词本身的不确定性和弹性，加之中国近代高等教育发展的复杂性与多样性，答案似乎也可以作不同的解读。比较一致的看法是，京师大学堂可视为中国近代第一所大学。

1 李约瑟难题，由英国学者李约瑟（Joseph Needham，1900-1995）提出。他在其编著的15卷《中国科学技术史》中提出："尽管中国古代对人类科技发展做出了很多重要贡献，但为什么科学和工业革命没有在近代的中国发生？"1976年，美国经济学家肯尼思·博尔丁称之为李约瑟难题。

———— 右图
京师大学堂

回溯大学的诞生，不是要将大学推至过去，而是为了更好地指引未来。因为只有厘清了大学的本来意义，方可遵循大学的内在规律，从而发挥大学的应有功能。通过对大学起源的追溯，我们不难得出如下四个基本观点：

一是大学必须以立德树人为己任，致力于高素质创新人才的培养。从诞生之日起，大学就是一群学者在自由研究学问的过程中培养人才的地方。虽然近代以来，大学被不断赋予新的职能或者使命，但最终都落实到一个根本的使命：大学生的发展与成长。换句话说，大学是人才诞生的摇篮。我们办大学，就是要为国家和社会输送人才，这是我们的根本立足点。

二是大学必须以追求真理为旨趣，致力于科学与学术研究。雅斯贝尔斯（Karl Theodor Jaspers, 1883 — 1969）在其《大学之理念》一书中说，大学是一个不计任何条件千方百计探求真理的地方，一切的科研工作都必须为探索真理的目的服务。[1]作为学术重镇的大学，在知识的发现与传播上处于支配地位。我们办大学，就是要结合自身学科的优势和特色，不断探求人类知识宝藏，追求真善美和真理。为了追求真理，可以蔑视一切权威。

三是大学必须以开放办学为取向，致力于服务经济和社会发展。大学要发挥思想引领社会进步的作用，自身必须"走出其象牙之墙"。[2]在日新月异的21世纪，谁在科技创新、人文关怀以及为社会服务诸方面走在前面，谁就能抢占发展制高点。我们办大学，就是要瞄准国家和区域经济和社会发展需要，力争取得一批原创性研

左图
湖南师范大学
校训碑

1　卡尔·雅斯贝尔斯. 大学之理念. 邱立波，译. 上海：上海人民出版社，2006：98.

2　爱德华·希尔斯. 学术的秩序——当代大学文集. 李家永，译. 北京：商务印书馆，2007：149.

究成果，贡献"经世致用"之新思想、新成果，"为万世开太平"。

四是大学必须以人文主义为旗帜，致力于文化的传承与创新。"大学不单纯是一个教学与研究中心。它还是一个学术进步的中心。在学术进步的思想中有一个内在的理想。这是一种由理解所阐明的生命理想。"[1]这里所说的理解"包含了跨越数世纪的精神交流"。[2]这里的生命理想就体现在人类同伴和生命目的的关系之上，体现为一种人文精神和情怀。大学要倡导民主、自由与平等的人文理念，体现鲜明的人本主义精神。我们办大学，就是要致力于大学文化建设，使我们的大学更加充满人文关怀，应该让员工更自信，让学生更睿智、更阳光，为每一个学生都提供充满希望、人生出彩的教育。

1 爱德华·希尔斯. 学术的秩序——当代大学文集. 李家永, 译. 北京: 商务印书馆, 2007: 116.

2 卡尔·雅斯贝尔斯. 大学之理念. 邱立波, 译. 上海: 上海人民出版社, 2007: 95.

大学的意义与经典阅读

大学这个词源于拉丁文"universitas"，是指教师与学生的联合体。这个联合体中的人自发从四面八方聚集在一起，谈经论道，催生出欧洲中世纪大学。作为中世纪第一所大学，博洛尼亚大学一直被誉为欧洲"大学之母"，她的产生就源自于一场经典阅读活动。当时，僧侣格雷希恩写了一部教会法律著作，这部著作吸引了欧洲大陆许多信徒前来"谈经论道"，于是形成了博洛尼亚大学的雏形。不仅博洛尼亚大学，法国的巴黎大学、英国的牛津大学、西班牙的萨拉曼卡大学莫不如此。从某种意义上讲，大学的诞生正是源自于经典阅读，通过经典阅读来"培训学生和保持学习和探究的传统"[1]是大学的主业。

左图
湖南师范大学
图书馆

1 查尔斯·霍默·哈斯金斯.大学的兴起.梅义征.译.上海；三联书店，2007：16.

英国著名教育家纽曼对此亦有深刻论述。他认为，大学"是一个传授普遍知识的地方"，"如果大学的目的是为了科学和哲学发现，我不明白为什么大学应该拥有学生；如果大学的目的是进行宗教训练，我不明白它为什么会成为文学和科学的殿堂"。[1]从上述话语中我们得知：纽曼心目中的大学不只是科研之地和宗教训练的场所，还是教学与培养人才的机构，是传承文化和科学探索的殿堂。大学的目的不止在于发展人的理智，其真正使命在于"培养良好的社会公民"，[2]并随之带来社会的和谐发展。要实现大学的这一理想，教师要率先垂范，与学生和谐相处，同时启迪学生阅读经典，通过经典阅读的方式来研究人类一直关心的问题，从而启迪智慧，探究真理、自由和美德，永葆文化传承与创新的生机与活力。

说到阅读经典，我们不得不提到美国芝加哥大学校长赫钦斯（Robert M. Hutchins，1899－1977）。他秉承纽曼的自由教育思想，对当时盛行美国的实用主义提出批评，强调学生的心智训练，引进名著学习与阅读。他认为，现代大学只有发展通识教育或共同教育才符合大学之道，藉此来沟通不同系科、不同专业的人，从而建立大学所有师生的共同文化语言。通识教育的内容必须是属于"永恒学习"的范畴，不仅是现代人在现代社会的特殊问题，也是人类之为人类永远需要探讨的永恒内容和

1　约翰·亨利·纽曼.大学的理想.徐辉，等，译.杭州：浙江教育出版社，2001：1.

2　约翰·亨利·纽曼.大学的理想.徐辉，等，译.杭州：浙江教育出版社，2001：18.

永恒问题。这就是他所谓的探讨"共同人性"（common human nature）以及"本族群的属性"（the attributes of the race）。这种永恒性的研究，其精华首先体现在西方文明自古以来的历代经典著作中。因此，美国现代大学通识教育的基本内容就是要让大学生在进入专业学习以前，不分系科、专业全都应该首先研读"西方经典"或所谓"伟大著作"（Great Books）。

迄今为止，美国著名大学一般有给学生开列经典阅读书单的传统，如芝加哥大学、哈佛大学、哥伦比亚大学等。作为有着悠久科举文化的中国，阅读经典是古代书院教学的基本形式。进入近代以后，我国的大学也同样倡导经典阅读，无论是大学的校长或者知名的学者，都会向学生推荐阅读书目。比如，吴宓（1894 — 1978）先生担任清华大学外文系主任时，就提出五个培养目标："使学生成为博雅之士；了解西洋文明之精神；熟读西方文学之名著，谙悉西方思想之潮流，因而在国内教授英、德、法各国语言文字及文学，足以胜任愉快；创造今世之中国文学；汇通东西之精神思想，而互为介绍传布。"[1]他本人为学生亲拟书单，以盼学生通过阅读那些经典好书成为德才兼备之人。

但是，近年来我国国民的阅读状况堪忧。据第12次全国国民阅读调查，2014年我国成年国民人均纸质图书

1　载《清华周刊·文学院外国语文系学程一览》（民国二十五年至二十六年度）第315页，转引自：陈建中、蔡恒，吴宓的"博雅之士"：清华外文系的教育范式[J]．社会科学战线，1997（1）．

的阅读量为4.56本。在国际上，人均阅读数量是一个比较通行的指标，就其收集到的其他国家的数据来看，美国是7本左右，日本是8本左右，韩国是11本左右。从总体上看，我国阅读水平与发达国家相比还存在一定差距。[1] 我国国民阅读量亟需提高，大学应该率先垂范，并在以下四个方面着力：

第一，开设阅读通识课程。一门好课程不仅可以塑造一个人的心灵，甚至还可以塑造一个民族的性格。大学应以人文社会科学为重心，将经典阅读纳入人才培养整体规划，开设通识课程。赫钦斯校长"经典名著阅读计划"的追随者、芝加哥大学教授布鲁姆（Allan Bloom, 1930 — 1992）说："在人们重温柏拉图和莎士比亚的著作时，他们将比其他任何时候生活得更加充实，更加美满，因为阅读经典作品将使人置身于无限深蕴的本质存在。"[2]因此，对于那些经典的文学作品和学术作品，我们不仅要深度阅读，而且要将其视作人性塑造潜移默化的有机养料。

第二，完善阅读推进机制。不仅要在学校层面成立阅读推广领导小组，还应该进一步扩大视野，筹建阅读指导委员会，制定在校大学生必读书目。这份必读书目

1 刘彬.第十二次全国国民阅读调查结果公布成年国民人均纸质图书阅读量为4.56本 [N].光明日报.2014 - 04 - 25.

2 艾伦·布鲁姆.美国精神的封闭.战旭英、冯克利，译.南京：译林出版社，2011：90.

可不分专业、系科，可不分古今中外；既可以由校长和知名教授来拟定，也可以成立专业委员会来拟定，甚至还可以广泛征求师生和校友们的意见。但不管怎样，这份书目总要符合人才培养的定位、大学的精神气质和全人教育的宗旨。2006年，教育部高教司向全国高校的中文专业学生推荐了100部必读书目；2013年，西南交通大学为学生列出了96种经典阅读推荐书目；从2014年开始，南京大学启动了"悦读经典计划"。这些做法都值得我们借鉴和推广。目前，教育部英语专业教学指导分委员会编制的《英语专业本科生阅读书目》即将由高等教育出版社推出。它将为我国英语专业本科生培养提供一种参考。我们还在着手推动编制《湖南师范大学本科生阅读书目》，希望能够为培养高素质创新人才助上一臂之力。

左图
湖南师范大学
图书馆阅览室

第三，加强图书资源建设。德国哲学家莱布尼茨

（Gottfried Wilhelm Leibniz, 1646 — 1716）把图书馆比作"人类灵魂的宝库"。一个好的图书馆在某种意义上就是一所好的大学。凡历史上为人类文明进步和科技创新做出卓越贡献的人，无一不是利用图书馆博览群书而成就其伟大的。可以说，图书馆就是经典阅读的起点。在大学的草创时期，书籍主要是教师讲座的自然结果，大多通过手抄的形式得以传播，因此很长时间大学并没有图书馆，是阅读催生了图书馆。根据巴黎大学主要的图书馆——索邦图书馆现存最古老的藏书目录记载，1338年该馆共有1722册书，至今许多书籍仍能在法国国家图书馆找到。牛津大学的许多学院仍然保存着其中世纪时期图书馆藏的抄本。雅斯贝尔斯曾说："图书馆中的独立阅读与研究、材料的收集和游历，应该从一开始就作为正式课堂教学工作的补充被提上议事日程。"[1]大学应该将图书馆建设成为大学生的精神家园、知识集散地和信息交流中心。为此，大学及其图书馆还需要汇聚一批博览群书、钟爱阅读、潜心学术的管理者和学问家，通过他们的切实努力和无私奉献，为大学生经典阅读提供丰富的藏书和优质的服务。

第四，营造良好阅读氛围。李克强总理在2015年《政府工作报告》中"倡导全民阅读，建设书香社会"。[2]大学要成为书香社会的示范者与引领者，可出台专门的

1 卡尔·雅斯贝尔斯.大学之理念.邱立波,译.上海：上海人民出版社.2007：95.

2 李克强.2015年国务院政府工作报告.人民网.2015年3月17日.

阅读促进条例，设立大学生阅读节，在公共场所配置阅读设备或者书报资料，有条件的还可以经营校园书吧、咖啡馆等，以喜闻乐见的形式全力推动经典阅读，特别要善于利用最先进的互联网技术来推广阅读。当前，互联网和移动通信技术的快速发展，彻底改变了传统意义上信息与文化传递的速度和方式，这一方面固然使得传统纸质图书市场受到了挤压，但另一方面也使得阅读更为便捷，给予了普通人展现才华、发表见解、拥有读者群的机会。因此，只要怀抱阅读的热情，经典就能在人们心底扎根。

大学的气质

右图
湖南师范大学
校门

我们知道，教育有三个层次：知识、能力、气质。气质较前两者更重要，故教育的终极目标是气质。

所谓气质，在英国生理学家卡茨（Bernard Katz，1911 — 2003）看来，它就是"相对稳定的思想意识和习惯"。乐观、悲观、好奇、冷漠、自信、怯弱等，这些都是"气质"。卡茨发现，那些最成功的人，不管是科学家、企业家，还是政治家、律师，他们身上都有一些共同的气质：乐观、好奇、自信。

何谓大学气质？不同的人有不同的理解。这是，我谈谈自己的看法。我们讲大学的气质，它首先是一种精神。

现代大学的气质，不仅体现在良好的物质条件上（物质条件固然重要，但不是决定因素），更体现在其高贵的精神品格上。清华大学原校长梅贻琦（1889 — 1962）说："所谓大学者，非谓有大楼之谓也，有大师之谓也。"[1]梅校长的话，或许源于孟子（约公元前372 — 前289）所言："所谓故国者，非谓有乔木之谓也，有世臣之谓也。"[2]所以说，大师教书育人，与学生和谐共处探寻真理，这种精神构成了大学的气质。大学人构成的大学精神气质，是一所大学的灵魂。

抗战时期，西南联大在万般艰难的环境中坚持办学，教书育人。战乱虽然导致了物质条件的匮乏，却也催发了西南联大人昂扬向上、救国图强的精神力量。正如冯友兰（1895 — 1990）先生所言："联合大学以其

1　梅贻琦．大学一解 [J]．清华学报．1941．13（1）．

2　孟子．万丽华，蓝旭．译注．北京：中华书局．2007：36 - 37．

兼容并包之精神，转移社会一时之风气，内树学术自由之规模，外获民主堡垒之称号，违千夫之诺诺，作一士之谔谔。"[1]这就是西南联大人为国家、民族培养救国救亡之栋梁的精神气质。也正是因为有了这股精神力量，从西南联大走出了2位诺贝尔奖获得者、8位"两弹一星功勋奖章"获得者、171位两院院士。"千秋耻，终当雪；中兴业，须人杰。便一城三户，壮怀难折。多难殷忧新国运，动心忍性希前哲……"[2]悲壮的联大校歌，是自强不息、艰苦奋斗的大学精神的见证，也是西南联大气质的缩影。

我们知道，现代大学可以溯源到德国柏林大学。柏林大学之所以伟大，主要归功于两任校长：一位是洪堡，作为柏林大学的创始人，他从制度设计上为柏林大学创立了一套科研与教学合为一体的现代大学综合体系；另一位就是哲学家黑格尔（Georg Wilhelm Friedrich Hegel，1770 — 1831），1829年担任柏林大学校长后，他把大学精神和个体精神、民族精神三位一体进行建构，从而为德意志民族锻炼了一个价值共同体。正是有了黑格尔，柏林大学完成了"柏林精神"的升华。学者们认为，"柏林精神"代表了德意志大学的精神传统，熔铸了德意志的民族精神与时代精神，远在德意志还未完成政治统一时，已经在思想上构建出德意志民

1 冯友兰.《西南联大纪念碑碑文》.转引自：重刊冯友兰国立西南联合大学纪念碑碑文 [J].北京大学学报：哲学社会科学版，2003（4）.

3 冯友兰.《国立西南联合大学校歌词》.

族的文化共同体。没有这种文化上的统一，后来的政治统一是难以想象的。

　　一所大学，它的气质和灵魂是什么？我认为，真正能够体现大学气质和灵魂的是大学的文化。雅斯贝尔斯曾说："文化是一种后天习得的状态。凡是被某个既定的历史观念所造就的人，都是有文化的。一个由联想、表达、价值观念、待人接物的方式和能力交织连贯而成的系统，构成了人的第二自然（second nature）。"[1]一所大学所具有的文化个性、文化风格、文化品位，体现着一所大学卓尔不群的风格和魅力，是一所大学不可或缺的灵魂，犹如其精气神韵，是大学凝聚力和自信的源泉。

左图
2016 年
湖南师范大学
"校长有约"
第二季"助你
悦读"，与新
生代表合影。

1　卡尔·雅斯贝尔斯.大学之理念.邱立波.译.上海：上海人民出版社，2006：55.

我校在历史发展过程中，不断积淀形成了"仁爱精勤"的校训精神。"仁爱精勤"，它不仅具有明显的历史与文化意蕴，更有着生动的生命与价值的哲学气质。通过一代又一代学人的奋斗，学校始终倡导师范仁道，追求高尚；始终倡导爱人以德，追求和谐；始终倡导研精思覃，追求真理；始终倡导勤奋踏实，追求卓越。在校训精神的熏陶下，在我校广大校友的身上，总闪烁着独特的精神特质。

我非常认同哈佛大学校长福斯特（Catharine Drew Gilpin Faust）所持"大学是要对永恒作出承诺"[1]的观点。大学的根本使命就在于塑造学子的精神家园，通过塑造学生的精神气质从而促进人类社会的文明与进步，这也将是我校今后持之以恒、坚持不懈的努力方向。

1　福斯特：《在哈佛大学校长任职典礼上的演讲》. 转引自：钟华. 校庆背后：大学要对永恒作出承诺 [N]. 科学时报，2011 - 12 - 29.

大学的主角是谁

2015年10月30日，我校大学生田径运动会那天，天公并不作美，细雨飘至，寒意渐起。但寒冷的天气仍然阻挡不了我校近万名师生的热情，运动员在场上竞技，老师与学生鼓劲加油，保卫与医务人员做安全保障，后勤人员准备了热水姜汤。置身于学校这道亮丽的风景里，我感受到大学的独特魅力，运动场上的主角是运动员，其他人都是为其服务的。那么，大学的主角是谁呢？

我校油画家段江华教授奋勇救人的事迹传出后，2015年10月15日中宣部授予其"时代楷模"荣誉称号，并号召全社会向他学习。段江华老师说，救人是一件再普通不过的事了，谁碰上都会做。这义举看似偶然，实则必然。他幼年时目睹爷爷奶奶救济逃荒的难民，少年时随我校几位教授学绘画，大年初一饿着肚子到老师家，老师把他和其他几个小伙伴当作自己孩子对待。1989年，他从中央美院大学毕业后来到我校工作。他从内心热爱教师的职业，喜爱他的学生，喜欢我们这所大学的人文环境。他书教得好，是最受学生欢迎的老师之一；他画画得好，在当今中国油画界颇有影响力。更重要的是，他像他的爷爷奶奶、老师一样，充满爱心。汶川地震他卖画捐款，同行画家有难时他解囊相助，学生出现问题与困难时他更是慷慨帮忙。段老师的事迹经媒体传播后，感动了许多人。有人做对联赞云："岳麓水寒勇救女童施画手，潇湘情热常凭艺德暖人心。"面对荣誉，段老师很

右图
段江华老师
救人漫画

淡定。但在谈及前辈老师的言传身教、自己学生的成功时，他却总是很激动。他常说："我最厉害的作品、最让我骄傲的作品就是我的学生。"[1]这句话深深印入我的心坎，让我很是感动。我想这就是大学的意义、做老师的成功。

理想的大学应该是老师与学生、老师与老师之间和谐友好相处，教师还应该通过自己的传道授业、以身作则给学生垂范，学生毕业后继承发扬老师的优良品德继而影响整个社会和公民的进步。习近平总书记说，教师承担着最庄严、最神圣的使命；既是学问之师，又是品行之师。教师要时刻铭记教书育人的使命，甘当人梯，甘当铺路石，以人格魅力引导学生心灵，以学术造诣开启学生的智慧之门。段江华老师的故事诠释了大学及其教师所担负的最重要的使命——教书育人。

1 王敏。"最美画家"段江华：最让我骄傲的是我的学生们.红网，2015年9月8日.

教育部副部长杜玉波在2015年全国高校党委书记校长专题研讨班上指出："要确立人才培养在高校工作中的中心地位。"[1]"大学校长要当学生的校长，书记校长心中有学生，这所大学才能办好；教师心中有学生，这所大学才有希望。"此话振聋发聩，催人警醒。这些年，由于各种原因，我们是否在某种程度上忽视了学生的中心地位？教师在做科研与承担项目的同时，是否认真上好了每一堂课并言传身教？大学的管理者、学生的辅导员以及后勤人员是否发自内心地关爱学生，把他们当朋友和自己孩子？我们在经营大学时是否在为学生提供有效、暖心的服务？我知道，在诸多方面我们尚有差距，应该付诸行动，努力改善。

作为大学来讲，真正把学生看作大学的主角，就是要始终将学生的成人成才作为一切工作的出发点，在决策时充分尊重学生意愿，征求学生意见，保障学生权益，为每一个学生提供充满希望、人生出彩的教育。2016年初，由我倡议，我校在湖南省高校中率先聘任了校长学生助理。今后凡与学生相关的校级会议和活动，以及涉及学生重大利益的制度、政策的起草与修订，都将有来自学生的声音。这不仅体现出了学生作为学校"主人翁"的地位，而且能使"民主治校"真正落到实处。

作为教师来讲，把学生看作大学的主角，就是要坚持教书育人的天职。不仅要重视教学，在教学中注重创新，

1 杜玉波.牢固确立人才培养中心地位[N].中国教育报，2014-11-22.

将课堂营造成为思想与智慧的"产房"，还要重视科研，将科研最高深、最前沿的理论和成果运用到教学中去，引领学生一道探究科学与真理。在大学里，老师们要真正做到关爱学生，与学生和谐相处，创造一切条件和机会帮助学生成长成才，并且建立深厚的友谊。就像古希腊时期的柏拉图学园，亚里士多德虽说过"吾爱吾师，吾更爱真理"，[1]但柏拉图与亚里士多德师生之间亲密无间，人们描述说他们经常在学园散步交谈宛如情人一般。

作为大学的主角，我们的大学生朋友应在以下三个方面努力：第一，立德修身是做人的根本。学生到大学来，是为了学习知识，并为将来的职业生涯作好准备，而这一初衷奠基在一种有依有据的世界观的基础之上。这一基础，我们称之为立德修身。《大学》开篇即说："大学之道，在明明德，在亲民，在止于至善。"[2]要达到至善做新民，首先要立德修身。大学生要用自己的一言一行，不断地实践大学精神，才会有深植内心的家国情怀，有对自己、对他人、对国家乃至对整个人类的责任担当。在西方也同样如此，雅斯贝尔斯说，大学旨在培养整全的人（the whole man）。这种全人教育"一方面对于寻根究底和清明理智的精神内核怀有无限的忠诚，另一方面又包含一种对整全

1 这句话的英文是 "Plato is dear to me, but dearer still is truth"。哈佛大学校训 "Amicus Plato, Amicus Aristotle, sed Magis Amicus VERITAS（拉丁文）" 译为：柏拉图是我朋友，亚里士多德是我朋友，但是真理更是我朋友。

2 朱熹. 四书章句集注. 北京：中华书局，1983：3.

的人来说命攸关的理性和哲学的冲动"，[1] "它在严格的意义上提升了一个人的人文素养（Humanitas）"，[2] 塑造了一种"诚实、自律与表里如一"的品质。

第二，敏而好学是为学的正道。求知是人类的基本欲望，其方法是敏而好学。孔子（公元前551 — 前479）以"朝闻道，夕死可矣"[3] 的精神信念，学而时习之，学而不厌，学思并进，力学力行。敏而好学不只是认真听好每一堂课，还包括平时博览群书。经典是人类文明中最美好的精神食粮，每当人们遇到困惑的时候，常常从经典中探寻智慧。苏东坡（1037 — 1101）有《送安惇秀才失解西归》诗，开头两句就是"旧书不厌百回读，熟读深思子自知"。[4] 大学生要趁年轻，时间充裕，精力集中，去广泛地阅读经典，去发现书本的精彩、学问的精彩和生活的精彩。与阅读经典同样重要的还有质疑、反思与探究。在大学里，学生还应积极主动参与科学研究，并且凭借这一经验获得终身受用的自主学习、研究和解决问题的能力。换句话说，我们的学生要学会批判地学习，独立地思考，主动地创造。

第三，为梦担当是成才的关键。人类原初的知识

1　卡尔·雅斯贝尔斯.大学之理念.邱立波.译.上海：上海人民出版社，2006：84.

2　同上.

3　朱熹.四书章句集注.北京：中华书局，1983：71.

4　苏轼.苏轼诗集：卷六.王文浩.辑注.北京：中华书局，1982：247.

渴求并不只是一种纯粹思辨的快感，用马克思（Karl Heinrich Marx，1818 — 1883）在《关于费尔巴哈的提纲》中的一句话说就是，"哲学家们只是用不同的方式解释世界，而问题在于改变世界"。[1]我们所掌握的一定的知识，总会把我们引向一种更高层次的价值实现的需求。正如雅斯贝尔斯所说，"只有投身于求知的过程以后，我们才会领略知识的来源与意义"。[2]也就是说，知识的意义在于实现知识的价值，获得了知识之后，总要为了人类更加美好的梦想担当。每一个人的成长总会伴随着阵痛，就像彩蝶总要结茧成蛹层层蜕变一样，精彩的背后总有坚忍不拔的努力。大学就像一个蓄能池，你今天积攒的点滴能量，都会在未来的某个时刻回馈于你。我们都曾做过最美好的梦，我希望你们不要把它遗忘。因为那些最美好的梦想不仅是你前行的动力，而且也必将是你引以为傲的人生财富。

1 马克思，恩格斯.马克思恩格斯选集：第一卷.北京：人民出版社，2012：140.

2 卡尔·雅斯贝尔斯.大学之理念.邱立波，译.上海：上海人民出版社，2006：46.

教书育人与学生成长

自诞生之日起，大学就是一群学者自由研究学问的地方，并且在研究学问的过程中培养人才。虽然近代以来，大学被不断赋予新的职能或者使命，但最终都落实到一个根本的使命：大学生的发展与成长。换句话说，大学是人才诞生的摇篮。

1.柏拉图与柏拉图学园

柏拉图是古希腊哲学家和思想家，也是西方文明史乃至整个人类文明史上最伟大的哲学家和思想家之一。他和老师苏格拉底，学生亚里士多德并称为希腊三贤。

柏拉图作为古希腊著名的思想家，其思想博大精深，涉及哲学、政治学、伦理学、逻辑学、教育学等多个领域，对后世的影响广泛而深远——近现代几乎所有的学术思想都可在他的思想中找到源头。今天，我着重介绍柏拉图关于教育的两个观点：

第一，关于教育的目的。在《理想国》中，柏拉图认为，教育的目的有两个：一是培养举国之人能敬神孝亲爱友；二是培养城邦的最高统治者，即哲学王。柏拉图认为，这两个目的相比较，后一个更重要一些，它是教育的"第一要务"。因为哲学王是柏拉图理想国能否实现的条件，如果教育不能培养出兼为政治家的哲学家，理想国就无从建立，流于空想。可见，在柏拉图看来，教育是立国之本。

第二，关于教育的育人功能。根据教育的两个目的，柏拉图把教育分为两类：一是普通教育。普通教育的对象是一般公民，目的在于培养他们的道德意识。柏拉图认为，"我们必须寻找一些艺人巨匠，用其大才美德，开辟一条道路，使我们的年轻人由此而进，如入健康之乡；眼睛所看到的，耳朵所听到的艺术作品，随处都是；使他们如坐春风如沾化雨，潜移默化，不知不觉之间受熏陶，从童年时，就和优美、理智融合为一。"[1] "一个儿童从小受了好的教育，节奏与和谐浸入了他的心灵深处，在那里牢牢地生了根，他就会变得温文有礼；如果受了坏的教育，结果就会相反。"[2] 那么，我们所假定的哲学家的天赋，如果得到了合适的教导，必定会成长而达到完全的至善。二是高等教育。高等教育的对象是一、二等级公民的子女，把他们培养成统治者和护卫者。为了培养合格的统治者，在普通教育的基础上，柏拉图还增加了三种考验：其一，伦理考验。主要是考验他们是否能做到在任何时候都不忘原则，不受欺骗。其二，恫吓考验。这是考察他们在贫穷忧患之中是否有勇气，不会因为各种困难而胆怯和退却。其三，乐逸考验。考验他们在锦衣玉食之中是否会贪图享乐而腐化堕落。柏拉图这一思想的积极意义在于，育人不仅是知识教育，美德教育也同样重要。

1 柏拉图.理想国.北京：商务印书馆，1986：110.

2 同上.

尽管古希腊的学园并未成为长期性的教育机构，但其在哲学、修辞、几何和法律等方面的教学成就却闪耀着永恒的光辉。因此，大学的起源问题可以从古希腊追溯起，回顾这种传统的草创期，使人们回想起柏拉图学园。

2.洪堡与柏林大学

洪堡是19世纪初新人文主义者的代表，德国著名的语言学家、教育家和政治活动家。1809年，他担任了普鲁士教育大臣的职务。此时，正值普鲁士全面改革国家的经济、军事和教育，洪堡怀着振兴民族的崇高理想，以极大的热情投入到教育改革的洪流中。他在任18个月，亲手制定了一系列的改革计划，特别是在他的努力下正式建立了柏林大学。柏林大学以尊重自由的学术研究为主要原则，虽然费希特（Johann Gottlieb Fichte, 1762 — 1814）、施莱埃尔马赫（Friedrich Schleiermacher, 1768 — 1834）也持同样主张，但只是洪堡才使这一原则在柏林大学中变为现实。

洪堡在其撰写的文章、计划和文件中，用不同的言辞，从不同的角度，阐明了大学教育的目的。这些目的归纳起来可分为两类：一类是从个人本位出发，提出了培养什么样人的问题，洪堡将他所要培养的理想的人称作"完人"（vollstandige mencehen）；一类是从国家本位出发，要求大学教育为国家服务。在洪堡看来，"大学教授的主要任务并不是'教'，大学学生的任务也并不是'学'，大学学生需要独立地自己去从事'研究'，至于

大学教授的工作，则在诱导学生'研'的兴趣，进一步去指导并帮助学生去作'研究'工作。"[1]同时，洪堡还特别强调教师"要站在纯科学的观点，推进工作，要在学生自身中，去发展他们的力量"，[2]"培养学生自身有创造的能力"。换句话说，教师讲课，学生听课并不是一件重要的工作，"大学的真正成绩在于使学生有可能，或者说它迫使学生至少在他一生中有一段时间完全献身于不含任何目的的科学，从而也就是献身于他个人道德和思想上的完善。"[3]

柏林大学的创立标志着现代意义上的大学的诞生。

1 张应强.高等教育现代化的反思与建构.哈尔滨：黑龙江教育出版社.2000：101.

2 宋景华.高等教育哲学概论.石家庄：河北教育出版社.2009：87.

3 卡尔·伯克.联邦德国的高等学校及其问题[N].中国教育报.1984-09-01.

现代大学与中世纪大学的根本区别在于大学职能的转变。中世纪大学是传授已有知识的场所，将研究和发现知识排斥在大学之外，而现代大学则将科学研究作为自己的主要职能，将增扩人类的知识和培养科学工作者作为自己的主要任务，推崇"学术自由"和"教学与研究的统一"。柏林大学的这一精神，不仅推动了德国的科学事业发达昌盛，对世界高等教育也产生了深远影响，为现代大学的形成奠定了基础。蔡元培先生在留德期间，曾广泛吸取了柏林大学的办学精神，以丰富北大的办学理念，为北大成为中国最著名的高等学府之一奠定了基础，也通过北大，柏林大学对中国现代大学的发展产生了广泛而深远的影响。

3.朱熹与岳麓书院

2016年是岳麓书院成立1040年。作为我国古代"四大书院"之一，岳麓书院自北宋开宝九年创办至今，历经千年，弦歌不绝。

岳麓书院的大门上有一副对联：惟楚有材；于斯为盛。相传清代嘉庆年间，书院进行大修，完工之后，门人请山长（院长）袁名曜（1764 — 1835）撰写对联。袁名曜以"惟楚有材"嘱诸生应对，众人苦思不得结果，贡生张中阶至，脱口答道："于斯为盛。"此联为流水对，上联出自《左传·襄公二十六年》："惟楚有材，晋实用之"；下联出自《论语·泰伯》："唐虞之际，于斯为盛"。很多人对这幅对联有误解，认为湖南人口气大。但"惟"在这里作发

语词，没有实际意义。意思是说楚国（特指湖南）人才众多，而书院尤为兴盛。这副对联简约有力，气势非凡，是

岳麓书院千年以来人才辈出的真实写照。

在南宋初期，理学中的湖湘学派形成，出现了以张栻（1133 — 1180）为代表的湖湘学派人才群体。张栻是南宋中兴名相张浚之子，是著名理学家和教育家、湖湘学派集大成者。与朱熹（1130 — 1200）、吕祖谦（1137 — 1181）齐名，时称"东南三贤"。

1166年，张栻34岁，开始主掌岳麓书院，讲学授徒，传道授业，人才辈出。黄宗羲（1610 — 1695）曾评价说："湖南一派，在当时为最盛。"[1]第二年，岳麓书院迎来了另一个理学大家——朱熹。朱熹听闻张栻得

1 黄宗羲.黄宗羲全集:第四册.沈善洪,主编.杭州:浙江古籍出版社,1985:953.

衡山胡宏之学，并在长沙讲学授徒，就由其弟子陪同，从福建崇安启程来到长沙，与张栻"会友讲学"。朱、张二人在一起讨论了《中庸》的深刻思想内涵，相互展开了激烈的争论。这次张栻、朱熹的"潭州嘉会"共持续两个月时间，两人相与讲学于岳麓书院、城南书院，有"一时舆马之众，饮池水立涸"之盛况。今天看来，"会讲"是岳麓书院一种独具特色的讲学活动，它往往是由不同学派或持不同学术观点的人在岳麓书院内展开讨论，辨析异同，使学术研究和教学活动结合起来。

27年后（1194年），朱熹任湖南安抚使，又一次来到长沙。他在任期间，扩建了岳麓书院，还亲自制定了学规，编撰了"小学"和"大学"的教材。当时，朱熹已65岁，他仍然不辞劳累，亲自到书院讲学。他常说："一日不讲学，则惕然常以为忧。"[1]因此，前来求学者甚多，当时有"道林三百众，书院一千徒"[2]之传说。道林寺在书院之左，为唐宋时期古刹，毁于清代。

4.钱穆与新亚书院

钱穆（1895 — 1990），江苏无锡人，中国现代著名历史学家、教育家、一代国学宗师。钱穆先生不仅学问精纯，议论宏通，在中国史诸多研究领域建树颇多，而且为

1　黄宗羲.黄宗羲全集：第四册.沈善洪，主编.杭州：浙江古籍出版社，1985：918.

2　杨茂元.《重修岳麓书院记》.转引自：杨慎初.岳麓书院的源流及其修复 [J].南方建筑，1998（4）.

新亚书院的创建和发展做出了卓越贡献。他的教育思想和理念，也在华人世界产生了深远的影响。

1949年，钱穆前往香港，在极端困难的情况下，与谢幼伟、崔书琴注册成立了一所夜校，命名为"亚洲文商学院"。钱穆担任院长。1950年春，夜校改为日校，学校改名"新亚书院"，由钱穆任校长，唐君毅任教务长，张丕介任总务长。钱穆为新亚书院定下的宗旨是："上溯宋明书院讲学精神，旁采西欧大学导师制度，以人文主义之教育宗旨沟通世界东西文化，为人类和平、社会幸福谋前途。"[1] 1959年，新亚书院接受香港政府的建议，改为专上学院，参加统一文凭考试，同时接受香港政府的补助。1963年，香港中文大学成立，由崇基学院、新亚书院、联合书院组成。新亚成为成员书院，1973年迁入沙田马料水的香港中文大学迄今。

新亚书院有独特的具有中国传统文化气息的24条学规。我这里择几条跟大家分享一下：第1条，求学与做人，贵能齐头并进，更贵能融通合一。第2条，做人的最高基础在求学，求学之最高旨趣在做人。第7条，完成伟大学业与伟大事业之最高心情，在敬爱自然，敬爱社会，敬爱人类的历史与文化，敬爱对此一切的智识，敬爱传授我此一切智识之师友，敬爱我此立志担当继续此诸学业与事业者之自身人格。第13条，课程学分是死的，分裂的。师长人格是活的，完整的。你应该转移自己目光，不要仅注

1 李浴洋. 新亚书院："守旧"与"维新". 南方教育时报 [N]. 2015 - 06 - 19.

意一门门的课程，应该先注意一个个的师长。第15条，每一个理想的人物，其自身即代表一门完整的学问。每一门理想的学问，其内容即形成一理想的人格。第17条，你须透过师长，来接触人类文化史上许多伟大的学者；你须透过每一学程来接触人类文化史上许多伟大的学业与事业，等等。

通过上述简单的回顾，无非是想说明，中西古今书院的许多办学经验值得今日大学借鉴，大学的根本任务在于人才培养。培养人才是我们社会主义大学的本质属性和根本任务。我们办大学，就是要为国家和社会输送合格建设者和可靠接班人，这是我们的根本立足点。

做一名关爱学生的高校辅导员

高校辅导员在人才培养中的作用。教育部2006年颁布的《普通高等学校辅导员队伍建设规定》指出："辅导员是高等学校教师队伍和管理队伍的重要组成部分，具有教师和干部的双重身份。辅导员是开展大学生思想政治教育的骨干力量，是高校学生日常思想政治教育和管理工作的组织者、实施者和指导者。辅导员应当努力成为学生的人生导师和健康成长的知心朋友。"[1]

这是目前关于高校辅导员最为权威的解释。根据此解释和相应的细则说明，高校辅导员的内涵可作如下进一步的说明：在身份上，高校辅导员是高等学校教师队伍和管理队伍的重要组成部分，拥有教师和干部的双重身份；在重要性上，高校辅导员是大学生思想政治教育的骨干力量，是具体的组织者、实施者和指导者；在工作内容上，包括大学生的日常思想政治教育、事务管理、发展指导；在工作方式上，包括教育引导、管理、服务；在角色定位上，辅导员要做大学生的人生导师和知心朋友，是良师益友。

这一解释全面准确地指出了高校辅导员在人才培养中的地位与作用。这里，作为一名曾经的辅导员、作为一位大学的校长，我也跟大家谈几点自己的认识。

1　《普通高等学校辅导员队伍建设规定》（教育部令第 24 号），2006 年 7 月 23 日。

一. 高校辅导员在人才培养中的作用

1.教师与学生的纽带

辅导员与大学生接触时间最多、关系最密切，有助于了解每一位学生的思想、学习和生活状况，了解每一位学生的性格特点、兴趣爱好、特长和缺点，是学生真正的良师益友。因此，可以有针对性地与每一位学生进行沟通。在专业学习上，辅导员要在专业教师与学生之间建立一种有效的沟通机制，促进专业教学，提高教学效果。

2.学校与学生的桥梁

高校的学生教育管理是一个复杂的系统，大学生既要接受学校管理，又要接受所在院系的管理，还要接受党组织、群团组织的管理。这些不同组织的管理要求，如何落实到每一个学生身上，每个学生怎样有效承接这些来自不同组织和层次的教育管理要求，辅导员无疑肩负着承上启下、连接左右的重要协调职能。学校所有教育管理措施的落实，都有赖于辅导员踏实、负责的工作。

3.社会与学生的中介

大学时期是大学生学习专业知识，培养职业技能，内化道德规范，逐渐适应社会环境和社会角色并完成社会化过程的关键时期。因此，高校辅导员应把握好大学生的身心发展特征，通过正确的教育和引导，使大学生能顺应社会的发展，形成符合社会要求的道德规范和身心素质，并加快大学生社会化的进程。

二. 关于辅导员工作的几点建议

2015年6月，中山大学原校长黄达人教授《大学的根本》一书由商务印书馆出版。在该书中，作者指出，大学的根本在于人才培养。北京大学校长林建华在该书序言中也提出："大学之所以著名，我们之所以能记住这些学校，因为是它们培养出来的人。大学培养出来的人在国家发展当中所作的贡献，是大学最直接也是最重要的声誉。"[1] 在人才培养的过程中，辅导员发挥了不可替代的作用。

1.理念：关爱学生是育人之本

大学、教师和学生就是一个共同体，这个共同体的使命就是"培养良好的社会公民"，并随之推动社会的和谐发展。纽曼在《大学的理想》（ *The Idea of a University* ）一书中对大学作了这么一番阐述：A university must be a community, or offer the chance of community—friendship between teacher and teacher, teacher and taught, and taught and taught …in their little society undergraduates learn to think for themselves instead of swallowing passively. Knowledge of others think, and the light by which others see, is the essence of

1　黄达人.大学的根本.北京：商务印书馆，2015.

the university.（大学应该是一个共同体，在这个共同体中来保障教师与教师之间、教师与学生、学生与学生的友谊与和谐关系，在这个共同体中，学生学会独立思考，而不是被动地接受，学会他人思考和他人智慧之光，这才是大学的本质。）

　　为实现这一理想，教师要率先垂范，与学生和谐相处，就像柏拉图与亚里士多德一样，师生之间亲密无间。在这个和谐的氛围里，学生不仅可以获取知识与能力，还可以砥砺品格和个性，并把这里当成精神家园，最终反哺大学，促进大学的可持续发展。克拉克·克尔（Clark Kerr, 1911 — 2003）认为大学生命长青的原因之一是大学具有最为忠诚的客户和品牌，那客户与品牌就是我们的学生。今日的学生就是祖国建设的未来栋梁，是学校的杰出校友。我们回想一下，有哪一所高校的发展尤其在关键

左图
湖南师范大学
桃子湖畔
士心拍摄

1 约翰·亨利·纽曼.大学的理想.徐辉，等，译.杭州：浙江教育出版社，2001：96.

时期和关键的事件上，没有得到校友们的鼎力支持？以我校为例，我们的天马学生公寓回购，就得到了校友的大力支持，最终以合理的价格买下来了；桃子湖部分房屋的租赁，也多亏了校友的担待；湖南师大版《南山南》，歌词就是我们中文系校友创作的，经由我校音乐系学生演唱后，风靡一时。

如果有了这个育人理念，我们就会像爱自己的孩子一样爱学生，陪伴学生一路成长。我们要有这种胸襟和情怀，正如时代楷模、我校美术学院段江华教授所说："我最厉害的作品、最让我骄傲的作品就是我的学生。"[1] 当然，做学生工作，不仅仅是辅导员、学工战线同志的事，是全体教职工的头等大事。作为教师，我们就要热爱我们的学生。

我看到一项研究，浙江大学周谷平教授通过60个2008—2013年度全国高校辅导员年度人物在新华网上公开的事迹文本分析发现："爱"字出现频率最高。其中17位年度人物事迹文本的标题中均出现了"爱"字。她还进一步对"爱"的相关组合词进行统计分析发现，这些词主要体现了三种类型的"爱"：一是辅导员对学生的"爱"，二是辅导员对工作的"爱"，三是学生对辅导员的"爱"。[2]

1 王敏．"最美画家"段江华：最让我骄傲的是我的学生们．红网，2015年9月8日。

2 周谷平．高校优秀辅导员基本角色形象及其特征 [J]．高等教育研究，2015（1）．

表一 60位全国高校辅导员年度人物事迹文本中
有关爱的相关高频组合词统计情况

爱的相关高频组合词的类型	爱的相关高频组合词	频次
辅导员对学生的爱	关心、关爱、大爱、爱护	173
辅导员对工作的爱	热爱、爱岗、深爱、忠爱	69
学生对辅导员的爱	爱戴、敬爱、喜爱、亲爱、最可爱	36

这些高频词表明，关爱学生是其核心品质，辅导员在付出的同时也得到了学生的认可。可以说，"爱"是高校辅导员工作的逻辑起点，没有爱就没有教育，不管他的能力如何，只有"关爱学生"才有可能成为一名合格的辅导员，进而成长为优秀的辅导员。

2.行动：服务学生发展是育人之要

人才培养是高校的根本任务，要完成好这一根本任务，没有辅导员的辛苦付出，将是难以想象的。根据教育部本科教学工作审核评估工作指南，审核评估的范围包括六大项目，这六大项目划分为24个要素，审核要素的核心内容体现在64个审核要点上。在这个体系中，与我们辅导员工作直接相关的是第五个项目——"学生发展"，设了5个审核要素10个审核要点。从某种意义上说，我们的辅导员就是要围绕"学生发展"这个重点任务，积极开展各项工作，全面服务学生的成人成才。

一要当好心灵沟通者。良好的谈心沟通能力是高校优秀辅导员的基本素养。为此，我们一定要懂一点心理学。有效运用心理咨询理论与方法开展辅导员工作，是高校优秀辅导员与学生进行心灵沟通的一大法宝。辅导员把心理咨询理论和方法应用到思想政治教育中，积极开展心理讲座和心理团体辅导，从而清除心理困难者心灵深处的障碍。

二要当好思想政治引领者。新时期高校优秀辅导员对大学生的思想引领，不仅需要运用传统的大学生思想政治教育方法，如党团班集体组织建设，还特别应注意借助互联网这一阵地开展工作。如何正确应对以互联网为代表的新媒体给大学生思想政治教育带来的机遇与挑战，充分发挥新媒体技术的思想政治教育功能是当前思想政治工作者面临的一项紧迫课题。高校辅导员要敏锐地抓住新媒体技术带来的契机，结合新媒体技术的传播特点与新时期大学生的特点，创新思政教育的方式、方法和手段，比如说我校的"小团子"、"小星星"等微信号，就做得特别好，拥有了众多粉丝，现已成为我校大学生朋友思想舆论的主阵地。

三要当好职业生涯指导者。就业是社会民生问题，也是当前摆在大学生面前的第一道人生之坎。高校辅导员要能为学生提供专业化的就业、创业指导服务，要善于结合自身专业特长为学生搭建各类成长成才的舞台。

四要当好文化活动组织者。通过搭建校园文化舞台来提升学生的综合素质。比如说搭建社团活动舞台，致力于打造校园文化的精品项目，提高学生的艺术素养，如我校有校园文化艺术节、学生学术节、十佳大学生之星、蓝田诗会等；搭建学科专业舞台，提升学生的学科专业素养和创新能力，如我校有学生科技协会、天文协会等；搭建社会实践舞台，带领学生积极开展社会实践和志愿服务，为学生成长成才搭建坚实的社会实践平台。我校已经连续15年获得全国大学生志愿服务先进单位荣誉称号。这些好的做法就值得我们好好总结，一些经验也值得好好推广。

3.能力：综合素质是育人之基

提升服务能力，增强综合素质，可以从以下四方面做出努力：

一要增强学习意识。辅导员的工作十分辛苦，涉及的面也很广。比如说，人文素养教育、职业生涯规划教育、心理健康教育、创业就业教育、学生事务管理和学生公寓管理等等，要做好这些工作实属不易，必须坚持不断学习。辅导员要紧跟时代步伐，解放思想，更新观念，学习新事物，了解新情况，不断提升自己的理论水平和科学文化素养。

不仅要学习岗位所需知识，还要注重理论学习。辅导员必须加强自身的理论学习，提高政治的洞察力、鉴别力和敏锐性，提升自身的理论知识水平和思想政治觉悟，引导大学生树立正确的世界观、人生观、价值观，坚定共产主义理想和社会主义信念。

另一方面，还要注重科研。从学习认知的角度看，知识能力不仅是一种信息资源储备，而且是一种文化资本。学术素养是提升辅导员业务能力，增强自我认同的不竭动力和精神支持。我们的辅导员要积极承担相关课题研究，或者进行学术深造，提高业务科研能力，从而成为专家型辅导员。

二要坚持经典阅读。大学的目的不止在于发展人的理智，其真正使命在于"培养良好的社会公民"。要实现大学的这一理想，辅导员要率先垂范，启迪学生阅读经典，通过经典阅读的方式来研究人类一直关心的问题，从而启迪智慧，探究真理、自由和美德，永葆文化传承与创新的生机与活力。

纽曼说，通过阅读经典可以跟历史交流，跟有智慧的思想家交流，才能成为很好的孩子、很好的学生、很好的老师和很好的公民。那么，何谓经典呢？我的看法是，经典就是指那些具有典范性、权威性的，经久不衰的，经由历史和人们大浪淘沙选择出来的"最有价值的"作品。她不仅记录了一个时代，也记录了一颗心灵；她最有智慧，也最有感染力。我们提倡经典阅读，就是要在时间

1　约翰·亨利·纽曼.大学的理想.徐辉，等.译.杭州：浙江教育出版社，2001：3.

有限的个体生命里，体悟无限精深的人类情感与智慧。我到访过美国的芝加哥大学图书馆，他们有一个经典书籍图书馆。我们的逸夫图书馆扩建工程完成后，也要开辟一个这样的图书室。让我们的学生一走进去，就能够感受到浩瀚和崇高，花最少的时间去挑选，集中心力去阅读。不仅如此，我们还要加快组织研制阅读计划，精心编制阅读书目。我们的辅导员也要坚持经典阅读，不然，就不可能与自己的学生有共同的精神话题，更不用说心灵的交流了。

三要砥砺高尚品德。我们的辅导员队伍特别有战斗力，是学校人才培养过程中可靠的骨干力量。这些年来，我们的辅导员队伍中涌现了一批优秀辅导员——他们有着坚定的理想信念，立德树人的职业追求；他们怀抱满腔热情，全心投入；他们以学生为本，以情感人，以理服人；他们懂理论，会实践，学以致用，勇于创新，是大学生思政工作的行家里手。这些榜样和典型除了上述特点以外，还有一个显著的共同点，就是都具有非凡的人格魅力。

我曾看到一则消息，2011年下半年，上海市组织了一场面向全市高校辅导员的誓词征集评选活动。最后评选通过的《上海高校辅导员誓词》只有短短75个字，是从辅导员中间征集、由辅导员自己投票、从600多条应征誓言中精心筛选出来的。其内容是："忠诚人民教育事业，依法履行辅导员职责；坚定信仰，不辱使命；敬业爱生，立德树人；励学笃行，提升专业水平；平等尊重，体现人文关怀。为学生终身发展，导航青春；为民族伟大复兴，奠基未来！"[1]在誓词的基础上，几经讨论，最终形成了上海高校辅导员核心价值取向——"矢志忠诚，立德树人；敬业爱生，明理笃行。"[2]16个字的核心价值观，言简意赅，从理想信念、职业追求、奉献精神、专业素养四个方面，树起了高校辅导员的精神旗帜。希望我们的辅导员能够用自己的人格魅力去感染学生，鼓舞学生，激励学生。

四要富有创新精神。创新是学生工作的生命源泉和动力。只有具备创新意识和创新能力，辅导员才能与时俱进，才能在新的工作环境、工作对象中创造新的业绩、新的辉煌。为此，辅导员要做到：一，要创新思想观念。辅导员必须熟悉新的工作环境，了解新的工作对象，接触新的事物，拓展自身的知识领域，勤于思考、乐于思考、善于思考，使自己的思想观念跟上时代的步伐，闪烁创造性的光芒。二，要创新思维模式。辅导员必须把握新时代大学生的新特点，跳出思维定势的条条框框，认真研究分析大学生富有时代特征的新想法、新行为、新习惯、新兴趣，在思考问题的方式方法上进行改革创新，同时注重培养学生的创新思维。三，要创新工作方式。辅导员必须转变过去的单纯命令式的管理方式，坚持教育育人、管理育人、服务育人的理念，从促进大学生成长成才的角度考虑问题，工作方式更具针对性、更富个性化、更

1 吴敏.上海率先发布高校辅导员誓词 [J].上海教育，2012（2）：66.

2 陈静.中国首份"高校辅导员誓词"在上海诞生.中国新闻网，2012年1月5日.

好地满足大学生的合理需求，创造更好的条件，为大学生的全面发展服好务、保好驾、护好航。

一所有品位的大学应该充满着人文关怀，应该让员工更自信，让学生更聪明、更阳光。我们肩负着为民办学，为国育才，为湘兴教的重任，我们应该要为每一个孩子提供充满希望、人生出彩的教育。

大学的领导者

　　一所著名大学的诞生必然仰赖于一位或几位著名的校长，而这所著名的大学又使这些校长名垂后世。在中外大学发展史上，这样的案例可谓俯拾皆是：洪堡、费希特之于德国柏林大学，艾略特（Charles William Eliot, 1834 — 1926）、德里克·博克（Derek Curitis Bok）之于美国哈佛大学，木下广次（1851 — 1910）之于日本京都大学，蔡元培（1868 — 1940）、蒋梦麟（1886 — 1964）之于北京大学，梅贻琦（1889 — 1962）之于清华大学，张伯苓（1876 — 1951）之于南开大学，竺可桢（1890 — 1974）之于浙江大学，等等。可见，校长是一所大学的灵魂，因为他实际上主导了这所大学的发展方向。

右图
蔡元培

那么，作为大学的领导者，大学校长应当是一个怎样的人呢？首先，他一定要懂教育。我们常听到这样的说法，如果一所学校办好了，人们会说该校校长是位教育家；如果一所学校办砸了，人们会说要是有位校长教育家，情况就不会如此。这话有一定的道理，但也许忽略了一个事实：纵观中外大学发展史，许多有作为的校长在他们主校之初并不是研究教育的专家，往往是当校长之后，不断在实践中进行探索与总结，大学办成功了，他们的办学理念也成熟了。北京大学首任校长蔡元培先取进士，点翰林，后留学德国研读哲学和美学，继而任政府教育总长；清华大学校长梅贻琦是中国首批庚子赔款资助留美生，学的是电机工程；浙江大学校长竺可桢在哈佛大学留学时攻读的是气象学博士；被认为是世界第一所现代意义的大学——柏林大学的首任校长洪堡是以普鲁士教育内政部长的身份来创办柏林大学的；美国几任哈佛大学校长：艾略特是位化学家，博克是位法学家。这样的例子不胜枚举，此处我愿意多介绍两位知名校长。美国当代著名教育家克拉克·克尔曾就读于斯坦福大学和加州伯克利大学理工科专业，1952年被推选为加州大学伯克利分校校长，1958年出任加州大学总校校长。克尔提出了一种新型的多元巨型大学观，并将他的理想付诸实践，为美国的高等教育在二战之后走向新阶段奠定了理论基础并提供了新型大学的范例。然而克尔的改革并非一帆风顺，在困难的时候，他满怀信心地说："对只看到黑暗与衰亡的人，我们必须说很多好的事物正在出现。对宣称一切都是失败的人，我们必须说事实上很多工作正取得成功。对只看到问题成堆的人，我们必须说肯定有缓解问题的机会。"[1]克尔正是凭着这种信念和干劲将加州大学办成了新型的多元巨型大学。美籍华人田长霖（1935 — 2002）是世界著名的热传递和热力学专家，他任加州大学伯克利分校校长时提出，要将该校办成世界一流大学。为实现这个理想，他要求全校的教授和院长必须贯彻科研第一，创新第一的办学理念。经过多年的奋斗，伯克利分校成为了美国和世界最好的大学之一。

右图
田长霖

其次，他要有胆识。大学在当代不再是传统意义上的"象牙塔"，大学的创新与先锋作用远比传授知识与文化继承更富有战略意义。正如克尔在他的《大学的功用》一书中所描绘的那样，现代大学是一座五光十色的城市，谁在改革创新方面走在前面，谁就能抢占新的发展先

1 邬大光、施晓光.高等教育的历史责任——克拉克·克尔＜高等教育无法逃避历史责任＞述评 [J].高等教育研究，1996（1）：6.

机。大学的改革主要靠大学的员工来进行，尤其靠校长来领导。在中国高教改革的大潮中，大学面临着一系列里里外外的问题需要解决和协调，例如：大学与政府的关系如何理得更顺？大学不能再躲在象牙塔里，但是否一味充当企业和社会的服务站呢？通识教育与专精教育孰轻孰重？中国在完成大学的调整与合并之后，如何充分共享资源和健全现代大学制度？大学的学科结构和课程设计如何改革？等等。面对这些错综复杂的问题，中国需要一大批积极进取的大学校长进行探索。这种艰难的摸索，既需要借鉴外国的先进经验，更需要基于我国的实际情况做大胆创新。只有敢为天下先的精神，才能产生新的思想；只有大胆创新的干劲，才能将好的理念付诸实践。因此，这是一种有胆有识的结合，胆大是以识为基础的，识高方能胆大，胆大才能创新。曾担任过南京大学校长的曲钦岳先生说："追求卓越，敢于争先。"正是因为秉承了这种敢为天下先的精神，曲钦岳校长才在中国当代率先将先进的办学理念运用到南京大学的办学实践中，使南京大学取得了突飞猛进的发展。

再次，他要有能力。《三国演义》"煮酒论英雄"篇中，刘备问何为英雄？曹操说："夫英雄者，胸怀大志，腹有良谋，有包藏宇宙之机，吞吐天地之志者也。"[1]这里的英雄志向与才华是全面的。克尔曾对大学校长的素质与才能有过深刻的描述，他说：

1　罗贯中．三国演义．北京：人民文学出版社．1973：181．

"在美国，人们期望大学校长成为学生的朋友，教职员的同事，校友会的可靠伙伴，站在校董们一边的明智稳健的管理者，能干的公众演说家，同基金会和联邦机构打交道的精明的谈判人，同州议会交往的政治家，工业、劳动及农业界的朋友，同捐款人进行交涉富有辩才的外交家，教育的优胜者，各专门行业（尤其是法律和医学）的支持者，新闻发言人，地道的学者，州和国家的公仆，歌舞和足球爱好者，正派人，好丈夫，好父亲，教会的活跃成员。"

"大学校长应当是这样的人：既坚定但又不失礼貌，对别人敏锐，对自己迟钝；既看到过去又能展望未来，而且牢牢地扎根于现在；既富于幻想又明智稳重；既和蔼可亲又深思熟虑；既深知金钱的价值，又承认思想无法用钱买到；既勇于幻想又谨慎从事；既是一个有原则的人又能大胆作为；既有广阔的视野又能有意识地寻根究底；既是一个善良的美国人又毫无畏惧地批判现状；在不过于伤害别人的感情的情况下追求真理；当政府的政策尚未反映到学校时，他就是这些政策的传播者。他在家看起来象老鼠，在外面看起来象雄狮。他在民主社会是一个边缘人物——这种人物还有许多——处在许多集团、许多观念、许多努力、许多特征的边缘。他是一个边缘人物，但又置于整个过程的中心。"[1]

1 克拉克·克尔. 大学的功用. 陈学飞, 等. 译. 南昌：江西教育出版社, 1993: 19 - 20.

克尔称"多元巨型大学"的校长们为巨人们，这些巨人们如何履行其职责和实现其理想呢? 巨人们完成了"伟大的事业"，但需要用温和的手段来完成。[1] "多元巨型大学校长是领导者、教育家、创新者、教导者、掌权者、信息灵通人士; 他又是官员、管理者、继承人、寻求一致的人、劝说者、瓶颈口。但他主要是个调解者。"校长必须尽量少用权力，最大限度地进行说服工作。[2] 哈佛大学校长博克在他的《走出象牙塔》一书中指出，大学的校长和院长犹如在一条狭窄的小路上行走，必须格外谨慎。因为大学一方面受学术自由原则的严格限定，另一方面受作为研究经费主要供给者、公众利益和安全最终捍卫者的政府的限制。[3]

　　大学校长的巨人角色绝不是令人愉快的，有时也许他的思想太先进而不被人理解，他会处于尴尬的境界。例如，美国密执安大学校长塔潘（Henry Philip Tappan, 1805 — 1881）按照自己的理想改造密执安大学，并使之成为西部公立大学的典范。但他的改革举措和观点在当时曾遭到反对，并被迫辞职。人们评价说: "塔潘是密执安校园内曾出现的最伟大的代表人物。他被琐碎的烦事打扰得要死。"[4]

1　克拉克·克尔.大学的功用.陈学飞，等.译.南昌: 江西教育出版社. 1993: 23.

2　同上.

3　德里克·博克.走出象牙塔.徐小洲，陈军.译.杭州: 浙江教育出版社. 2001: 27.

4　克拉克·克尔.大学的功用.陈学飞，等.译.南昌: 江西教育出版社. 1993: 22.

有的人长于思想，而未必长于行动，这种人不能成为好校长，但有可能是一位伟大的思想家。例如，英国的红衣主教纽曼写了一本了不起的书——《大学的理想》，在工具主义教育环境下，纽曼首倡人文主义与绅士教育，并坚守大学的独立与自主。后来他受罗马教皇之邀到爱尔兰的都柏林大学任校长，由于他本人的行政才能不高和当时的办学条件太差，他没有把都柏林大学治好。人们评价说，他有才能教育一个民族，但无能力治理一个学校。

最后，他还要善协调。在中国，开办高等教育主要依靠政府。因此，在许多情况下仅有大学校长的先进理念是不够的，政府及其相关部门也必须有先进理念。前国家教育部副部长周远清先生对我国高教体制有一段精辟论述："原有的高教体制可以概括为国家集中在政府，政府直接管理的体制。在这种体制下权力过于集中在政府，学校实质上成了政府的从属机构，缺乏办学的自主权。多年来，这种体制虽然也作了不少改革，发生了许多变化，但并未从根本上得到解决。""高教体制改革最重要的是理顺国家、社会、学校的关系。"[1] 当然，要建立健全完善的高教体制并非易事，它与一个国家的政治体制和文化传统等有着广泛密切的联系。随着中国高教体制改革的推进，大学与政府的关系也在日益调整，且看《中国教育改革和发展纲要》所说："政府要转变职能，由对学校的直接行政管理，转变为运用立法、拨款、规划、信息服务、政策指导和必要的行政手段，进行宏观管理。要

1 周远清.深化文科教育改革的几点思考[J].中国高等教育，1996（9）：4.

重视和加强决策研究工作，建立有教育和社会各界专家参加的咨询、审议、评估等机构，对高等教育方针政策、发展战略和规划等提出咨询建议，形成民主的、科学的决策程序。"[1]这就意味着大学校长在实施其理想时要注意驾驭两种情况：其一，大学校长要充分懂得政府的行政手段的意义，并合理而有效地运用它为办学的理想服务；其二，随着高教体制改革的深化，大学的自主权会越来越大，大学校长应该意识到自主权越大，自己的责任和担子也越重。

大学校长的理想与校党委书记的理想。根据《中华人民共和国高等教育法》的规定：校长是学校的法人代表，但学校的领导机制是党委领导下的校长负责制。学校的运转机制有两套系统，如果党委书记的理念和校长的理念相符合，那学校的工作就会如虎添翼；如果合不好，就会出现内耗并影响学校的工作运转。为了避免同时出现"两个核心层"的局面，校长要尽可能地将自己的办学理想变成党委的集体意志，真诚地尊重党委领导和依靠党委领导，在实际工作中要密切与书记配合。同时，校长是学校的法人代表，直接承担民事责任，书记亦应该要按照《中华人民共和国高等教育法》的要求，"支持校长独立负责地行使职权"。[2]校长本人则要勇挑重担，承担责任，清醒认识到学校的兴旺主要取决于自己的理念与实践。

1 《中国教育改革和发展纲要》（中发〔1993〕3号），1993年2月13日

2 《关于坚持和完善普通高等学校党委领导下的校长负责制的实施意见》（中办发〔2014〕55号），2014年10月

　　笔者设想，若是大学校长的先进理念得到完全展现后，会不会出现如下一种新的景观呢？大学校长也许不会像我们今天的校长这样整日忙忙碌碌：大到学科规划与建设，小到解决教师子女入学，乃至职工夫妻吵架之类的问题，都得校长出面解决；校长也许不会像今天这样总是引人注目，不会时时在校报或校电视新闻上抛头露面。但校长的魅力与精神会无处不在：学校财源滚滚，一流的教授纷纷加盟，一流的学生蜂拥报考，毕业生又被一流的单位录用。大学的设施如图书馆和实验室24小时对学生和社会开放，校园绿树成荫、风景如画，师生友爱相处，意气风发。这时我们感受到校长的理想不再空泛，而是实实在在，犹如老子（公元前571 — 前471）所言："道可道，非常道，名可名，非常名；"[1]"无为而无不为。"[2]校长的理想像看不见的手指挥着学校万物的自然生长。

1　老子．饶尚宽，译注．北京：中华书局，2007：2.

2　老子．饶尚宽，译注．北京：中华书局，2007：91.

大学文化与办学方向

习近平总书记强调："办好中国的世界一流大学，必须有中国特色。"[1]十八大以来，总书记关于教育工作的系列重要讲话精神深刻回答了"办什么样的大学、怎样办好大学"和"培养什么样的人、怎样培养人"等根本问题。

现代大学肇始于洪堡创办的柏林大学。我国现代意义的大学发轫于京师大学堂，至今仅有100多年的历史，但溯源而上，我国古代的教育，从汉代的太学到隋唐、明、清的国子学（国子监），地方的书院，虽称不上严格意义的现代大学，但成为了我国现代大学快速发展的文化基石和精神源流。中国特色社会主义大学的建设，既须遵循高等教育发展的普遍规律及其实现机制，也必须符合中国具体国情和制度设计。习近平总书记强调，建设世界一流大学如果"没有特色，跟在他人后面亦步亦趋，依样画葫芦，是不可能办成功的"。[2]建国以来，我国高等教育快速发展，高效、高质地承担起人才培养、科学研究、服务社会、文化传承与创新等职能，并以显著的"中国特色"区别于西方大学。

1　习近平.习近平谈治国理政.北京：外文出版社，2014：174.

2　同上.

首先，办学性质的区别。大学是国家意识形态机器的重要组成部门，承担着行使文化领导权、维护统治阶级根本利益的职责。毛泽东同志指出："几千年来的教育，确是剥削阶级手中的工具，而社会主义教育乃是工人阶级手中的工具。"[1]我们的大学要把举什么旗、走什么路、培养什么接班人和培养的接班人跟谁走作为贯穿始终的主轴，坚持社会主义办学方向，将立德树人，培育和践行社会主义核心价值观融入教书育人全过程。

　　其次，根本任务的区别。每一个社会制度下的大学都有其特定的任务和目标。英国著名教育家阿什比（Eric Ashby, 1904 — 1992）曾评价道："牛津和剑桥两校很明显地认为设立大学是为给教会和政府培养服务人员。"[2]美国著名政治家、教育家杰斐逊（Thomas Jefferson, 1743 — 1826）规定弗吉尼亚大学的办学思想为："州立大学应成为建设各州的智囊团和人才策源地。"[3]对于我国大学的根本任务，习近平总书记强调："我们的教育是为中国特色社会主义服务的。"[4]中国特色社会主义大学承担着培养社会主义建设者和接班人的使命，要培养马克思主义的坚定信仰者、实践者、传播者和维护者，确保党的建设后继有人，确保党的接班人不变颜色。

1　毛泽东.毛泽东文集：第七卷.北京：人民出版社，1999：398.

2　埃里克·阿什比.科技发达时代的大学教育.北京：人民教育出版社，1983：9.

3　翁庆余.略议新世纪高等教育职能 [J].中国高教研究.2001（9）：6-7.

4　习近平.全国高校思想政治工作会议重要讲话.人民网.2016年12月9日.

再次，管理体制的区别。任何社会制度下的大学管理制度都是历史沿革、文化传统和制度环境的产物。比如，意大利的大学管理结构具有行会和联盟性质，有教授治教、治校、治学的传统，教授具有绝对的控制和影响力；英国的大学有自治传统，教授、行政人员和政府的权利分配较均衡；法国的大学在学校决策层面教授权力大，中央政府的控制力亦强；美国的大学管理结构更像企业，校外人士组成的董事会拥有最终的决策权。中国特色社会主义大学要坚持中国共产党的领导，党委领导下的校长负责制是经实践证明的好制度。我们要通过健全、完善这一制度，不断推进中国特色社会主义大学治理体系与治理能力现代化。

大学文化是大学的灵魂所在，强盛的大国需要一流的大学，要建设中国特色的社会主义大学，需要卓越的大学文化。

第一，以文铸魂，培育积极健康的精神文化。精神文化是大学文化的核心。精神文化对内可以影响广大教职员工价值选择、行为模式与大学氛围，对外则表现为大学的价值追求与精神风貌。中国特色社会主义大学的精神文化，应该是在吸收中外传统文化精髓，并融合社会主义核心价值观基础上提炼而成的。在大学精神文化建设中，要注重规划的引领作用，注重校训内涵的支撑作用，注重理论研究的依托作用。

第二，以文律人，培育务实有效的制度文化。大学的制度设计包括两个层面：一是宏观层面的国家政策与管理制度对大学的规范与支持，另一个则是微观层面的学校制度建设。中国特色社会主义大学的建设，离不开制度文化的规范和约束。在大学制度文化建设中，要突出制度设计的政治性，以确保迅速有效地贯彻执行中央和省委的决策部署；要突出制度制定的实效性，通过制度营建有组织有规划的全员育人的格局；要突出制度实施的长效性，制度的实施关键在长效，对每一项重点工作都要着力建构全方位推进、全领域覆盖的工作格局。

第三，以文化境，培育潜移默化的物质文化。学校物质文化是大学文化系统中最外在、最直观的部分。优秀的大学文化总是通过标识、设施等学校环境的物质表现形式来体现的。我校在大学物质文化建设中，高标准地建设了忠烈祠、校史馆、生命科学博物馆、美术展览馆、古籍藏书室、音乐厅，其中陈列、展览和演出的多是珍品和精品，是对师生进行教育引导的良好载体。

右图
湖南师范大学
忠烈祠

第四，以文惠人，培育知行合一的行为文化。行为文化是学校风气、风貌、风尚和人际关系的动态组合，是一所大学文化水准高低的度量器。中国特色社会主义大学要有党的立场、国家的意识、民族的情怀，要保持文化特质，增强文化自信。在大学行为文化建设中，要用丰富的校园活动陶冶人，用多样的网络平台引导人，用突出的榜样典型影响人。

大学文化建设是中国特色社会主义大学建设的一个重要方面，在"以质量建设为核心"的高等教育综合改革进程中，大学面临的改革责任重大，任务艰巨。我们坚信，在党中央的坚强领导下，在教育行政管理部门、全国高校和高等教育工作者的共同努力下，在社会各界的关心和支持下，中国特色社会主义大学的建设之路一定前程坦荡，繁花似锦。

附：岳王亭记

岳麓山下，赫石坡上，清泓潭心，有亭翼然。亭以岳武穆名，中有巨碑，碑阳刻岳王之像，饰以朱线，碑阴赘以汉白玉，上镌颜昌峣所书岳王年谱。则以名物，示不忘也。

亭处群山之抱，云水之间。得泉于山谷之壑，坐而听流，甘露沁肺，物我两忘。掇幽芳而荫乔木，四时之景，无不可爱。春得山花点缀，夏乃绿盖蔽日，秋有红枫层染，冬则银装素裹。湖为风景之荟聚，汇麓山之精魂。朱子诗云：半亩方塘一鉴开，天光云影共徘徊。问渠哪得清如许？为有源

头活水来。恰为此景之写照。拾步山巅，俯瞰湖如心字，则又暗合吾校仁爱精勤之训，美景与人文共生，天地与精神合一，妙哉善哉！

　　湖畔有忠烈祠，乃专祀抗日阵亡将士之所。堂中高悬"允武且仁"，谭瓶斋之笔也。抗日军兴，湖南战场最为惨烈，湖湘子弟最为勇猛。杨皙子曾倡言："若道中华国果亡，除非湖南人尽死。"信不诬也。吾校诞于抗战之中，老校长廖公世承曾云："抗战的胜利乃教育之胜利！"并亲撰校歌："国师，国师，文化的先进，国民的导师。"吾校精神自此勃发，所谓"惟楚有材，于斯为盛"，于此福地可窥一斑。

　　所谓名校之区，莫不为天赐之美景、人文之胜地。吾校得岳王亭，萃英雄事迹、先辈遗泽与夫山水亭榭于一园，于此作育湖湘子弟、天下英才，又何其幸也！

大学文化：找准支点源源发力

习近平总书记强调："核心价值观是文化软实力的灵魂、文化软实力建设的重点。这是决定文化性质和方向的最深层次要素。"[1]文化是大学的血脉，大学教育的集中表现形式是以文化育人。面对世界范围价值观较量的新态势，面对国内社会思想意识领域呈现的新变化，作为中国特色社会主义大学，必须以高度的思想自觉和行动自觉，努力培育和践行社会主义核心价值观，找准支点，培育崇德向善、务实有效、知行合一、有序和谐的大学文化，不断夯实大学师生共同价值追求、行为准则、行为方式和精神家园，切实增强大学文化的软实力，坚定中国特色社会主义文化自信，为建设一流大学提供强大动力。

培育崇德向善的精神文化，增强大学文化的引领力。大学精神是大学的灵魂，引领着大学文化的发展方向。培育和践行社会主义核心价值观，是坚持中国特色社会主义大学办学方向的内在要求，是大学落实立德树人根本任务的重要体现。要将社会主义核心价值观融入大学精神文化建设之中，引导师生增强道德判断力和道德荣誉感，向往和追求讲道德、尊道德、守道德的生活，努力提升思想和道德境界，凝聚起向上向善的蓬勃力量。要坚持分类指导，将培育和践行社会主义核心价值观与大学管理干部作风建设、教师师德建设和学生素质教育结合

1　习近平.习近平谈治国理政.北京：外文出版社，2014：163.

起来。引导大学管理干部补足精神之"钙"，筑牢立身之本，实实在在谋事创业做人，树立忠诚、干净、担当的新形象；引导大学教师坚定献身教育的崇高理想，言传身教、立德树人，努力成为有理想信念、有道德情操、有扎实学识、有仁爱之心的好老师；引导大学生增强学好本领、报效祖国的责任感和使命感，在勤学、修德、明辨、笃实上下功夫，努力成为中国特色社会主义事业合格建设者和可靠接班人。

培育务实有效的制度文化，增强大学文化的约束力。大学内部管理制度是大学内部治理的"规矩"，是办学治校的保障。社会主义核心价值观倡导的价值理念与建设现代大学制度的价值追求高度契合，是推进大学内部治理体系和治理能力现代化需要弘扬的价值理念。要把社会主义核心价值观作为大学制度建设的基本遵循，加快建立以"党委领导、校长负责、教授治学、民主管理"为特征的中国特色现代大学制度体系，形成领导示范、民主参与、制度约束、依法治理的办学治校模式，最大限度地激发、释放师生参与大学建设的内生动力，汇聚起推动大学更好更快发展的强大力量。充分发挥党委总揽全局、协调各方的领导核心作用，坚持党委领导下的校长负责制，不断健全党委统一领导、党政分工合作、协调运行的工作机制。充分发挥教师在大学管理中的作用，健全以学术委员会为核心的学术管理体系与组织架构，积极探索教授治学的有效途径，尊重并支持学术委员会独立行使职权。要充分发挥教职工代表大会和群众组织的作用，尊重师生员工的主体地位和首创精神，健全师生员工参与民主管理、民主决策、民主监督的工作机制，确保决策和执行科学化、民主化、规范化和高效率。

　　培育知行合一的行为文化，增强大学文化的辐射力。大学行为文化是大学师生日常行为的表现形式，体现了大学师生日常学习、工作和生活的风貌。古今中外的办学者特别重视言传身教，"经师易遇，人师难遭"，[1] "德高为师，身正为范"，[2] 体现了社会对大学教师的评价标准和心理期待。习近平总书记指出，"教师承担着最庄严、最神圣的使命"，他们"既是学问之师，又是品行之师"。[3] 理想的大学应该是老师通过自己的传道授业、以身作则给学生示范，学生继承发扬老师的优良品德，继而推动整个社会的文明进步。社会主义核心价值观是每个公民的行为标杆。对"学为人师、行为世范"的大学师生而言，更应引领社会风尚，树起弘扬社会主义核心价值观的标杆。要将社会主义核心价值观细化为师生的行为准则，引导师生自觉遵守和努力践行，既要"内化于心"成为自觉追求，又要"外化于行"成为自觉行动，真正做到知行合一。要建好用好社团、讲座、论坛、研讨会、报告会、文艺表演、微视频等显性与隐性

1　引自晋代袁宏《后汉纪·灵帝纪》。汉灵帝时期，博学多才而又为人正直的郭泰深受人们的爱戴，魏昭儿时多次去拜访他，表示愿意做他的随从帮他打扫庭院。郭泰问他为什么不去读诗书而给他当佣人，魏昭回答道："经师易遇，人师难遭" 意在表达单纯传授知识的老师容易遇到，为人师表的人难遇到

2　陶行知.陶行知文集.南京：江苏教育出版社，2008.

3　习近平.习近平谈治国理政.北京：外文出版社，2014：175.

的载体平台，积极推进"互联网+思想政治教育"，引导师生自觉规范网上网下行为。要大力培养选树师生身边暖人心、动人心、立得住、传得开的先进典型，努力营造"见贤思齐"的校园氛围。要常态化开展道德实践和志愿服务活动，推动形成我为人人、人人为我的良好氛围。要加强国际文化艺术交流，积极向世界展示中国大学文化，提高中华文化国际影响力。

右图
湖南师范大学
岳王亭

　　培育有序和谐的环境文化，增强大学文化的塑造力。环境文化是人与自然有序发展、和谐共存的一种文化表现形式。富有文化气息的校园里，道路、建筑、雕塑、花圃、树木无不折射着大学的精神和品位，令人驻足流连，深深地印记在脑海里。安定有序、人与自然和谐相处是社会主义核心价值观内含的价值导向，更是美丽大学的直观表现。井然有序、优美和谐的校园环境可以激发师生的自豪感和凝聚力，增强认同感、幸福感和归属感。要将社会主义核心价值观融入大学环境文化建设规划之中，净化校园环境，美化师生心灵，提升办学品位，努力创建美丽校园。要针对大学的特点，科学规划承载校名、校训的标志性建筑物，充分发挥校名、校训激励师生立德、立功、立言的作用。要及时修订校史，科学设计校歌、校徽、校旗，广泛开展读校史、唱校歌、戴校徽、升校旗活动，引导师生知校爱校兴校荣校。总之，要重视校园环境对师生行为举止和品格的塑造作用，并将之体现为行动自觉。

创新与一流学科建设

　　党的十八届五中全会提出创新、协调、绿色、开放和共享五大发展理念，其中，创新是引领发展的第一动力。2015年国家推出《统筹推进世界一流大学和一流学科建设总体方案》之后，新一轮的大学竞争拉开序幕。国家的意志清楚明了，"以支撑创新驱动发展战略、服务经济社会为导向，推动一批高水平大学和学科进入世界一流行列或前列，提升我国高等教育综合实力和国际竞争力"。[1]那么，学科建设对于高水平大学而言，其意义何在？

　　学科是高水平大学发展的制高点。当代大学不再是传统意义上的"象牙塔"，大学的创新与先锋作用远比传授知识与文化继承更富有战略意义。克拉克·克尔在《大学的功用》一书中描绘：纽曼时代（19世纪以前）的大学是一个"村落"，弗兰斯纳的大学（19世纪中叶）是一个"市镇"，而他所处的当代大学是一个五光十色的"城市"。在这所大学城中，谁在科技创新、人文关怀以及为社会服务诸方面走在前面，谁就抢占了发展制高点。而科技创新、人文关怀和社会服务的主体是大学人，依托则是学科。

　　学科是高水平大学建设的落脚点。大学的基本活动方式——知识的产生、传承、创新与应用，都是围绕学科

1　《统筹推进世界一流大学和一流学科建设总体方案》（国发〔2015〕64号），2015年10月24日。

进行的。因此，学科是大学——特别是高水平大学的核心，建设高水平大学必须找准学科这一落脚点。张楚廷老校长也说，大学的建设实际上主要落在学科建设上，谈学科建设，那主要是从科学意义和学术意义上说的；从严格的教育学意义上说，那就落在专业建设上。可以说，一流的大学就要有一流的学科（一批或相当数量的一流学科），就要有一流的专业。

学科是高水平大学竞争的聚焦点。高校的竞争集中体现在学科的竞争上，学科是高水平大学的核心竞争力之所在。为什么这么说？首先，学科是高校实现四大功能的支撑点。建设高水平大学就是要培养高水平的人才，创造高水平的科研成果，传承高水平的优秀文化，提供高水平的社会服务，而这些都离不开学科建设。其次，学科是师资队伍的整合器。没有学科的教师队伍不能称为学科梯队，没有学科的研究队伍不能称为科研团队，必须把学科梯队和科研团队建立在学科上，这样才能使它具有学术上的凝聚力。可以说，学科是高水平大学核心竞争力的根基。

那么，要如何推进学科建设呢？我们认为，学科建设的内在核心要素有五个，分别是学科理念、学科规划、师资队伍、工作条件和学科文化。以学科发展引领高水平大学建设，就是要从这五个内在核心要素上着力。

第一，学科理念是学科建设的先导。观念是行动的先导，学科建设的方向对了，蹄疾而步稳；若方向错了，就会南辕北辙。所以说，学科理念至为重要，尤其是校长、院长（系主任）和学科带头人的学科理念更重要，因为校长、院长（系主任）、学科带头人是大学和学科的灵魂人物，并实际主导着学校的学科发展。推进学科建设，校长、院长（系主任）和学科带头人必须切实担当，不仅要有好的思想，还要敢于创新，而且更关键的是执行。在学科理念上，校长、院长（系主任）和学科带头人既要眼观六路、耳听八方，又要高屋建瓴、脚踏实地；既要结合学校优良传统，又要尊重学科内在规律，还要引领时代发展；在实际工作上，则要各司其职，各负其责，全心投入，确保学科建设驰入健康和可持续发展的快车道。

第二，学科规划是学科建设的引擎。学科规划是学校整体规划中的重要组成部分。我们要面向经济社会发展需要，立足学科发展现状，加强顶层设计，科学编制学科规划。在规划学科建设时，我们要坚持三个基本原则：一是瞄准一流。世界高等教育发展历史表明，一流的大学必先有一流的学科，一所大学完全可以凭借一个或几个一流的学科跻身世界先进大学的行列。二是协同创新。从校内、校际和国际三个层次加快推进多元协同创新，打破学科壁垒和资源界限，促进学科之间的交叉、渗透和调整，推进与其他科研院所、政府部门的资源共享，并切实加强与国际知名大学和机构的实质性合作。三是完善机制。建立激励约束机制，鼓励公平竞争，强化目标管理，突出建设绩效，完善学科评价体系。

第三，师资队伍是学科建设的根本。学科建设的关键在人才，要在激烈的学科竞争中占据优势位置，一支高水平的人才队伍不可或缺。哈佛大学校长科南特（James Bryant Conant, 1893 — 1978）曾经说过："大学的荣誉不在于它的校舍和人数，而在于它一代又一代教师的质量。一所学校要站得住，教师一定要出色。"[1]可见，师资队伍是学科发展的第一资源。只有真正重视人才，珍惜人才，关心人才，才能够聚集更多的优秀人才。

第四，工作条件是学科建设的保障。一是经费投入。逐步实现学科经费投入重心由以硬件设施建设为主向以软实力建设和学术性建设为重转变，在保障条件建设投入的同时，合理提高学科梯队建设、科学研究等方面的经费投入比例，提高学科建设资金使用效益。二是资源共享。要本着"优化资源配置、实现资源共享、管理机制创新、利用效率最大化"的原则，进一步建立健全各类教学科研设备设施及资源的共享机制，切实提高大型仪器设备和教学科研资源的使用效益。三是信息化建设。开发学科建设管理系统，将学科建设的建设目标、建设任务、建设成果等信息在学科建设管理系统中予以公布，以加强对学科建设运行过程的监控。

第五，学科文化是学科建设的灵魂。学科具有文化特质。学科文化不仅是学科成熟的标志，也影响着学科发展的趋势和学科前沿的演进，更是汇聚师资、培养人

1 刘德广.大学的主体力量.西安：陕西师范大学出版社，1990.

才的凝聚力和向心力。可以说，学科文化是学科建设的灵魂，是学科建设之本。

我们应当培育什么样的学科文化？有四点很重要：

一是"君子务本，本立而道生"[1]的学科建设文化。学科建设的"本"是什么？是人才。我们在推进一流学科建设的过程中，千万不能忽略人才。这里的人才既包括人才队伍，也包括人才培养。我们说，能教书的老师是好老师，能搞科研的老师是好老师，教学与科研皆好的是更好的老师。因此，我们的老师一方面要牢记教书育人的本职，充分依托学科，培养拔尖创新人才；另一方面要做好科研，要有"学科立校"的意识，做科研时既要能"顶天"又要能"立地"，既要能"经世"又要能"致用"，从而推动学术的繁荣与进步。

二是"道生一，一生二，二生三，三生万物"[2]的学科发展文化。原加州大学伯克利分校校长田长霖强调，"世界上地位上升很快的学校，都是在一两个领域首先突破……然后，其他学科也自然地跟上来"。[3]他这里讲到的就是学科建设的"马太效应"现象。我们首先

1 朱熹.四书章句集注.北京：中华书局，1983：48.

2 老子.饶尚宽，译注.北京：中华书局，2007：105.

3 田长霖：《如何创新重组研究型大学》，转引自：郑一筠.论学科建设与民族大学的特色化发展[J].西北民族大学学报，2003（3）：68.

是要加强一流学科建设，通过一流学科的示范和牵引作用来带动相关学科的建设，从而促进学校事业的全面发展。

三是"和谐共处、共生共荣"的学科梯队文化。雅斯贝尔斯说，在大学里面，精神生活的特质是一种学者之间的以制度为纽带的、有章可循的合作。也就是说，作为一个学术共同体，院长（系主任）、学科带头人和学生处于一种共生合作的关系，一荣俱荣，一损俱损。因此，我们一方面倡导院长（系主任）、学科带头人要真正发挥主心骨作用，带好头，示好范，尊重梯队成员，尊重师生，充分调动学科梯队的积极性和创造力；另一方面，我们的梯队成员和师生也要尊重院长（系主任）和学科带头人，形成互相尊重、合作共事、团结奋进的和谐氛围。尤其是我们的学科带头人，要尊重人才、用好人才，最大限度激发人才的创造力，要有识才的眼光、容才的雅量、聚才的良方，让各类人才各得其所、才尽其用。就像香港科大校长孔宪铎先生所讲的，我们的校长、院长（系主任）和学科带头人要能够延揽天下人才，并使其快乐工作（Recruit the best people and keep them happy）。

四是"处无为之事，行不言之教"[1]的学科管理文化。这里讲的管理特指学科管理，而学科管理是有其特殊性的。梁宋平教授在《也答"钱学森之问"》一文中说，学科管理应该借助先哲老子的智慧，"为无为，则无

1　老子.饶尚宽,译注.北京:中华书局, 2007: 5.

不治"，要将科研管理的有形之手变为无形之手。[1]这也对我们的学科管理提出了新的要求，在学科建设过程中，只要在法律法规允许的范围内，就要尽可能减少管理部门的过度管理，改变管理的行政化取向，真正树立为教学、为科研服务的意识。

1　梁宋平.也答"钱学森之问"[J].发明与创新，2012（6）：25.

以科学理念引领一流学科建设

习近平同志指出，要推动一批高水平大学和学科进入世界一流行列或前列，提升我国高等教育综合实力和国际竞争力，培养一流人才，产出一流成果。学科建设理念是高校学科建设的灵魂，建设世界一流学科必须以科学理念引领。

树立有所为有所不为的理念。有所为与有所不为相辅相成，有所不为才能有所为，有所为不易，有所不为更难。过去一个时期，随着我国高等教育规模不断扩大，一些高校盲目追求学科门类齐全和综合化，高等教育趋同化、同质化倾向严重，导致低水平重复建设、同类院校之间恶性竞争、有学科高原无学科高峰等问题。放眼世界，即便是一流大学，也并非每个学科均为一流；相反，有的大学并非一流，但某个学科可能是国内乃至世界一流的。坚持有所为，就要加强学科布局的顶层设计和战略规划，优化学科结构，找准优势和特色，突出建设重点，做到人无我有、人有我优、人优我新，建设国内领先、国际一流的优势学科和领域，带动大学发挥优势，办出特色。坚持有所不为，是指在有限的资源条件下，学科建设切忌盲目扩张、贪大求全，而要敢于舍弃，合理压缩学科建设规模，集中力量发展优势学科、特色学科和社会需要的学科。当然，有所不为的学科并非一成不变，如果环境条件发生改变，有的学科也可由"不为"转变为"有为"。

树立交叉融合的理念。习近平同志强调:"要优化科研院所和研究型大学科研布局……厚实学科基础,培育新兴交叉学科生长点。"[1]学科交叉融合意味着学科分化与综合相结合,这样既可提高现有学科的创新力和竞争力,也可衍生新的学科生长点。纵观世界科学发展史,科学前沿的重大突破和重大原创性科研成果大多是学科交叉融合的结果。推进学科交叉融合、促进协同创新,是社会发展的客观需要,是科学发展的重要趋势,也是催生重大原创性科研成果,培养复合型、创新型人才的重要途径。应出台扶持学科交叉融合的政策,完善激励机制,以重大项目为牵引,以跨学科实验室和研究中心建设为抓手,打破学科壁垒,扬长避短,优势叠加,打造多学科相互渗透、相互支撑的优势学科群,建立高度集成、开放共享、交叉应用的高水平、跨学科研究平台。同时从校内、校际和国际三个层面加快推进协同创新,促进资源共享,加强实质性合作,促进学科之间的交叉、渗透、融合,形成推进创新的强大合力,提高学科的核心竞争力。

树立经世致用的理念。服务社会是大学的重要职能,也是学科建设的价值旨归。学科建设应以服务社会为导向,以改革创新为动力,不断提高服务经济社会发展的能力。一是坚持面向世界学术前沿、面向国家重大需求、面向国民经济主战场,把握现代科学发展趋势,着

1 习近平在全国科技创新大会、中国科学院第 18 次院士大会和中国工程院第 13 次院士大会、中国科学技术协会第 9 次全国代表大会上讲话,人民网,2016 年 5 月 30 日。

眼国家发展战略方向，适应国家和地区经济社会发展需要，提升创新力。二是坚持问题导向。学科建设只有紧紧围绕研究解决重大而紧迫的现实问题，才能把握时代脉搏，找到发展规律，推动理论创新，不断满足经济社会发展需求。三是坚持走政产学研用相结合的路子。高校哲学社会科学工作者应从我国实际出发，以我们正在做的事情为中心，研究我国发展和我们党执政面临的重大理论和实际问题，建成一批中国特色新型智库，发挥战略研究、决策咨询、思想文化引领作用，构建具有中国特色、中国风格、中国气派的哲学社会科学体系，为经济社会发展提供智力支持。自然科学学科建设应立足科技前沿，对接国家战略需求，推进原始创新、重大科技攻关和应用科技研发，实现与经济的深度融合，推动科技创新成果转化为现实生产力。基础学科应通过探索解决学术前沿问题，创造新知识和精神财富，间接为经济社会发展服务。

人才培养与大学课程改革

  课程犹如本科教学的神经末梢，在学校履行教育职能和培养学生核心素养的过程中发挥着牵一发而动全身的作用。19世纪，英国教育家赫伯特·斯宾塞（Herbert Spencer, 1820 — 1903）提出了"课程"这一概念。他第一次把自然科学引进学校课程，建立了以实科为中心的课程体系，直接推进了学校课程的变化，促使教学方法随之变革，教学论也应运而生。

  一门好的课程不仅可以塑造一个人的心灵，还可以塑造一个民族的性格。从某种意义上说，一流大学离不开一流的课程体系，世界一流大学都有高质量的课程体系。比如说哈佛大学的"核心课程"，麻省理工学院的跨学科选修课程计划，牛津大学的"复合课程"等，都是一流大学的重要标志。可以说，没有一流的课程，一流大学的目标就不可能实现。因此，大学应当发挥课程在一流人才培养中的核心作用，努力把课程建设得更具魅力。这一过程既不能简单求快，鲁莽蛮干，也不能头痛医头，脚痛医脚，而是要在破除机制体制障碍的基础上全面推进。

  倡导通识教育，彰显大学教育的理想。在马克思看来，实现人的自由全面发展是共产主义理想的最高追求和价值目标。雅斯贝尔斯也认为，"教育即生成，教育就是人的灵魂的教育，其目标就是培养全人"。[1]因此，教育的目的就在于为每个人的自由而全面发展提供可能性。源于西方古希腊罗马时期的博雅教育（Liberal Education），也就是我们现在通常所说的通识教育，其理念与我国古代儒家倡导的"六艺之教"相得益彰，都对人才培养提出了很高的要求，强调在更广泛的学科基础上让学生掌握基本知识、基本理念、基本技能和基本素养，使之成长为健全的人。当下，越来越多的世界一流大学认同并践行着通识教育的理念：哈佛大学在通识课中努力打造通识核心课程，倡导文理交叉；较早开展"自由教育"的耶鲁大学倡导学生选修人文艺术课程。北京大学、中山大学、香港中文大学等高校打破院系分割、教学与科研分家、德智体美教育分立等固有的内部体制格局，努力发挥学科综合和专业交叉的优势，努力培育具备人的整体素质、共同价值观（Common Value）和审辨式思维（Critical Thinking）的全人英才。通识教育的实施，促使大学回归教育的本然价值，这个价值就是人的全面发展。

丰富课程设置，强化大学教育的内涵。课程的数量在一定程度上反映出一所大学的水平，凝聚着一所大学的教育理想和价值观。课程数量越多，意味着学生选择课程更为自由，选择哪位教师的课程更为自由，学生可以通过课程选择来满足宽口径、厚基础的教育需要，完善

1 卡尔·雅斯贝尔斯：《什么是教育》，转引自：胡树花，任顺元，灵魂的唤醒，自由的生成——雅思贝尔斯《什么是教育》解读［J］.青年与社会，2009（4）：63.

自身的知识结构和能力素养。这正是好的综合性大学与一般院校的区别所在。在通识教育理念的指引下，给予学生充分的自主选择权，让课程更具选择性，成为未来本科教学改革的一个大方向。南京大学"三三制"课程改革中开设研讨类、专业前沿类、双语类、复合交叉类等课程，使3000名学生拥有3000张课表。不少国外名校课程设置也是"因人而异"，学生选定专业、课程的过程被称为"Major Declaration"或"Declaration of a Major"，"Declaration"充分体现了学生学习过程的自主性。这给了我们深刻启发——人才培养是大学的目的。为此，我们应不拘一格，为每位学生创造成才的多种途径，着眼于学校和学生的长远发展。在开设充足的高质量课程

右图
湖南师范大学
网络课程平台

的基础上，大学要积极实现信息技术与传统课堂深度融合，推动由单一的教师课堂授课到课堂授课与在线课程相结合的转变，使更多学生可以通过网络自主学习自己感兴趣的课程并取得相应学分，拓宽获取知识的时间和空间。通过与海外知名大学或教学科研机构合作，采取开办暑期学校等方式，重点引进通识类课程、学科基础及专业课程、创新创业专项课程等本科海外优质课程。

打造核心课程，夯实大学教育的基石。核心课程是根据专业特征和学生需求进行专门开发的主干性课程，重要性不言而喻。以哈佛大学为例，博克在1971年至1991年担任校长期间，任命哈佛文理学院院长罗索夫斯基（Henry Rosovsky）组织委员会，集10年之功，进行了核心课程改革，以"获得知识的方法"为核心开发课程，为全世界高等教育树立新的路标。丰富多元的核心课程是大学体现个性化人才培养方案的重要元素，依托于学校课程改革工作小组的组建，我们要进一步深化人才培养领域的"供给侧结构性改革"，做好课程模块建设，重点打造课程集群，全面铺开学分制、双学位制、主辅修制，打破专业壁垒、学科壁垒和学院壁垒，以核心课程的打造，推动更为科学、更有意义、更受欢迎的课程体系的建立。

大学课程像是一根纽带，连接教师和学生。一门好的课程，不仅需要老师倾注智慧与热情，全身心地投入教学，把课堂组织好，还需要学生的积极互动与配合。学生的主动性和求知欲是发挥课堂教学效果，实现课程教学目标的内在关键因素，否则将收效甚微，就好比是再美妙的音乐，也需要聆听的耳朵。

体育之于大学的意义

　　2017年7月，我校在国内大型体育赛事中捷报频传：继不久前体育学院舞龙队代表湖南省摘得全运会首金后，运动健儿们又在全国大学生田径锦标赛中力克群雄，喜获男女团体总分第一、女子团体总分第一佳绩。由此我想到体育之于大学的重要意义。

左图
湖南师范大学运动健儿在第十七届全国大学生田径锦标赛上取得团体总分第一的佳绩

　　体育，顾名思义，是指身体的教育（当然，身体不只是肉体，同时也是精神与心灵）。在中国，"体育"一词始见于1904年，在湖北幼稚园开办章程中提到对幼儿进行全面教育时说："保全身体之健旺，体育发达基此。"[1]1905年的《湖南蒙养院教课说略》上也提到："体

1　"体育"一词在我国的由来[J].体育教学，1991（4）：50.

育功夫，体操发达其表，乐歌发达其里。"¹在西方，"体育"一词被译作Physical Education。在《爱弥尔》一书中，法国哲学家卢梭（Jean-Jacques Rousseau, 1712 — 1778）就用"体育"来界定对爱弥尔进行身体的养护、培养和训练等身体教育过程。可见，"体育"一词的最初意义即指一种身体教育，一种教育形式，是教育体系中的一个专门领域。

如果往前追溯，我们还会发现，自从有了教育，也就有了体育，体育始终贯穿在教育活动当中。在古希腊，不管是斯巴达式的教育还是雅典式的教育，学生都要接受"五项竞技"（赛跑、掷铁饼、投标枪、跳跃和角力）体育的教育。苏格拉底甚至将体育摆在了教育的首位。在中国，比苏格拉底更早些时候，孔子就倡导礼、乐、射、御、书、数"六艺"教育，其中的射与御都属于体育的范围。由此可见，体育是有着与教育一样悠久历史的。

体育不仅伴随了人类教育的历史，甚至还贯穿了人类文明的历史。有一种观点认为，"世界公认的三次人类文明的高峰与体育运动的发展有着高度的关联。一是古希腊文明，它勃兴了古代奥林匹克运动；二是曾称'日不落帝国'的英国，它是近代第一次现代化的代表，催生了户外运动；三是知识经济的代表——美国，在第二次现代化的过程中，将竞技运动职业化、商业化推到极致，同

1 "体育"一词在我国的由来 [J].体育教学，1991（4）：50.

时催生了休闲体育。"[1]可以说,人类从森林走向城市,
从野蛮走向文明,体育发挥了重要的促进作用。尤其到
了现代,作为人类的一种特殊育化方式和生活方式,体
育不仅是一个国家和民族文明程度的显性体现,还是一
个人生命活力的集中展示。

　　我们常说,民族复兴的关键在教育。如果没有教育,
尤其是没有高等教育,一个国家就会失去精神高地,一个
社会就会失去资源支撑,一种文明就会失去创新动力。
当代大学不仅为科学技术和文化繁荣提供基础理论和
思想资源,而且往往是科技进步、文明昌盛和社会进步
的直接策源地。随着时代的发展,大学已从社会的边缘
走向社会的中心,成为社会的焦点,在现代社会中扮演着
越来越重要的角色,也肩负着越来越重要的使命。

2　吴超林,杨晓生.体育产业经济学.北京:
高等教育出版社,2004.

对于大学自身而言，为完成这一使命，它在越来越专业化、综合化的同时，也在不断地朝通识教育的方向演进。而通识教育所要求的正是知识选择、事实辨析与价值判断的能力与素质。然而，无论是知识选择力，还是事实辨析力，或者价值判断力，都离不开一个健全的、完整的主体，就好比哲学家洛克（John Locke，1632 — 1704）《教育漫话》一书中的"绅士"。洛克从培养绅士出发，将教育内容分为健康、精神和学问三个部分，因此，他所说的"绅士"就是指同时拥有健康的体魄、健全的精神和高深的学问的人。这也正如民国时期吴蕴瑞（1892 — 1976）和袁敦礼（1895 — 1968）合著的《体育原理》所论述的那样："心身不可分之为二，即教育之方法，亦不能划分何者为身体活动，何者为精神活动。盖身体之活动同时即为精神之活动，无不含有身体之成分也。"[1]因此，大学体育不仅要提升大学生的选择力、辨析力和判断力，还要锻炼其健康的体魄、强壮的身体和健全的心智，这些均是通识教育的应有之义。为了顺应这一趋势，大学体育教育必须更新理念，从学生的主观愿望出发，为学生提供更为丰富的体育课程，提供更为科学的体育知识，满足学生更为多元的体育需求。在学生研习体育的过程中，培养他们主动参与体育的技能，养成享受体育的生活理念，最终将这些体育理念和生活方式扩大到全社会，从而推动社会的文明和进步。

1 吴蕴瑞，袁敦礼.体育原理.上海：勤奋书局，1933：151.

正是在这个意义上，一百多年前，南开大学创始人、著名教育家张伯苓就提出："不懂体育者，不可以当校长。"[1] 我的理解是，一个校长，他必须重视体育，不重视体育的校长不会是称职的校长，不懂得体育的校长也不可能成为真正的教育家。任何一所大学的校长都必须高度重视体育，重视体育的学科建设、科学研究和人才培养，其中人才培养是第一位的。大学可以通过组建自己的运动队，培育有优势的运动项目，开展同水平的体育

左图
湖南师范大学
体育馆

竞赛，引导广大学生积极参与体育运动，从而构筑一个完备的体育教育体系。

围绕这个体系，我们可以做些什么呢？我想无非是以下四个方面：一是教会学生运动技能。掌握运动技能是参与体育的前提。大学体育既包括体育专业教育，也

1　吴键. 不懂体育者不可以当校长 [N]. 中国教育报. 2014 - 12 - 25.

包括体育通识教育。我认为比较理想的体育教育目标是，无论是专业教育，还是通识教育，都能够让学生掌握若干能够陪伴他们终身的运动技能。二是培养学生的运动兴趣。掌握了一定的技能，兴趣就将是鼓舞并维持其终身体育的动力源，很难想象一个人如果没有运动兴趣还能够持之以恒地参与和享受体育。呵护好学生的这一兴趣，除了组织一些竞技比赛以外，还要加强体育类学生俱乐部和社团的建设，通过运动项目和兴趣社团这样的形式将学生团结在一起，互相激励和鼓舞。三是使学生形成运动的习惯。一旦有了浓郁的兴趣，自然而然地，体育就会成为学生的生活方式之一。他们不仅可以参与体育，而且还可以欣赏体育，消费体育，从而使体育运动成为一种积极健康的生活方式。四是引导学生养成体育精神。体育关心的不只是掌握知识、增强体质、提高技能、获得奖牌，还应关注人的需要、情感、意志、个性、生命和生活等。正如柏拉图在《理想国》里谈到的那样，"年轻人应该接受体育锻炼"，[1] 因为"朴质的体育锻炼产生身体的健康"，[2] "一个人全副精神致力于身体的锻炼……他会变得身强力壮，心灵充满自信，整个人变得比原来更勇敢"。[3] 我们的体育教育就应该帮助学生获得勇敢、自信、拼搏和协作等高贵的体育精神。

1　柏拉图.理想国.郭斌和、张竹明，译.北京：商务印书馆，1986：115.

2　柏拉图.理想国.郭斌和、张竹明，译.北京：商务印书馆，1986：117.

3　柏拉图.理想国.郭斌和、张竹明，译.北京：商务印书馆，1986：127.

让美育花儿开得更灿烂

阳春布德泽，万物生光辉。伴着明媚春光，我们以简朴而隆重的仪式，揭开了学校美育教学指导委员会成立的序幕。这是全省高校成立的首家美育教学指导与研究机构，它的诞生是对人才培养时代要求的自觉回应，意义深远。追溯人类文明的发展进程，追寻美、发现美、创造美，始终是社会进步的永恒主题，也是个体成长的必经历程。

2500年前，古希腊哲学家毕达哥拉斯（Pythagoras，公元前572 — 前497）"美是和谐与比例"的主张，唤起了人类社会进步中的艺术旋律。尔后，柏拉图、亚里士多德等古圣先贤相继倡导音乐、文学等艺术形式的审美教育作用。彼时的东方，孔子提出了"里仁为美"的理念，认为一个人只有经过"兴于诗，立于礼，成于乐"[1]的过程，才能达到正心化人的目的。从孔子开始，中国儒家哲学逐渐形成了人生境界的学说，审美与艺术活动在塑造人格风范、培育民族精神的过程中起了重要的作用。

直至18世纪末，德国美学家席勒（Friedrich Schiller，1759 — 1805）创造性地使用了"美育"的术语，将审美活动的重要性上升到实现精神自由、获得人性完满的高度。

---

1 朱熹.四书章句集注.北京：中华书局，1983：104 - 105.

在他看来，"只有当人是完全意义上的人，他才游戏；只有当人游戏时，他才完全是人"。[1]在我国，新文化运动

右图
德国美学家
席勒

时期，时任北京大学校长的蔡元培先生提出"德、智、体、美"四育并重，"以美育代宗教"，将美育纳入教育方针，期望通过美育为青年学生营造精神家园。朱光潜（1897 — 1986）先生在文革后，近八十高龄时翻译了黑格尔《美学》、柏拉图《文艺对话集》等多达150余万字的世界经典美学著作，他"要求人心净化，先要求人生美化"[2]的理念更是彰显了时代赋予美育教育的历史使命，美育与德育、智育、体育相互交织、相互渗透，成为近现代教育的主体内容。

1 弗里德里希·席勒.审美教育书简.冯至，范大灿，译.上海：上海人民出版社，2003：117.

2 朱光潜.朱光潜全集：第二卷.合肥：安徽教育出版社，1987：6.

工业革命以来，在技术理性和机器化大生产的主宰下，物质追求、技术分工与流水作业使人们变得支离破碎，令人性发生严重分裂，人本真的存在处于遮蔽状态。对此，马尔库塞（Herbert Marcuse, 1898 — 1979）有过深刻的批判，他曾用"单向度的人"来描述"单向度的社会"和"单向度的思维"日益融合下"现代人的全面异化"。要解除对人的束缚，脱离单向度发展的困境，就必须倡导全人教育，通过教育来重塑理想的人、完美的人、全面和谐发展的人。正如马克思所提出的，以"每个人的自由而全面发展"作为最高追求。为实现这一价值目标，除了智育、德育和体育，还必须充分发挥美育的作用，通过恢复每一个"单向度的人"之感性维度，使其以审美的态度对待社会和生活，以情感升华道德操守和行为，以艺术想象拓展心智和创新思维，从而在现代性的困境中找到明心见性之所。

党的十八大以来，党中央、国务院对美育工作高度重视。2013年11月，十八届三中全会明确提出，要"改进美育教学，提高学生审美和人文素养"。[1]2014年10月，习近平总书记在文艺工作座谈会上强调，社会主义美育的重要使命就在于"为历史存正气，为世人弘美德"。2015年9月，国务院办公厅出台《关于全面加强和改进学校美育工作的意见》的纲领性文件，提出要"把培育和践行社会主义核心价值观融入学校美育全过程，根植优秀传统文化的深厚土壤，汲取人类文明的优秀成果，引领学生树立

1　赵平.改进美育教学，提高学生审美和人文素养 [N].中国教育报，2015 - 10 - 13.

正确的审美观念，陶冶高尚的道德情操，培育深厚的民族情感，激发想象力和创新意识，拥有开阔的眼光和宽广的胸怀"。[1]这个指导思想正好体现了"举精神旗帜，立精神支柱，建精神家园"的要求。我们的美育工作，也要举精神旗帜，立精神支柱，建精神家园，使中国精神和文化自信成为学校美育工作的灵魂。

右图
湖南师范大学
第 28 届校园
文化艺术节

　　高校肩负着为国家和民族培养具有国际视野、创新精神和实践能力的高素质人才的历史重任。我校深入推进美育教学和研究，既是基于为社会主义现代化事业培养建设者和接班人的内在要求，也是基于把我们的大学办成有品位、有内涵、有气质的一流大学的自觉追求，还是基于发挥人文见长、文理交融的学科优势与专业特色的理性选择。我校前身原国立师范学院在成立伊始，首任校长廖世承先生就大力推行美育，组建了艺体系，并亲

1　《国务院办公厅关于全面加强和改进学校美育工作的意见》（国办发〔2015〕71 号），2015 年 9 月 15 日.

自指导戏剧社、歌咏团等文艺类社团活动。他指出，"艺术可以健心，如若成功，已经达到教育大部分目的"。上世纪90年代末，原校长张楚廷先生也呼吁道，"我们比任何时候都更需要美育"。进入新世纪以来，我校大力发展人文通识教育，美育教学体系不断完善，构建了校园文化艺术节、大学生艺术展演等"第二课堂"育人平台，打造了红旗艺术团、天籁合唱团等艺术品牌。近来，经过一年多的筹备，学校依托文学、史学、哲学、音乐与舞蹈学、美术与设计学等学科资源，组建美育发展与研究中心，并成立美育教学指导委员会，统筹、指导全校公共艺术教学工作，开展高雅艺术进校园等活动，组织学生走向城镇社区和乡村厂矿开展社会公益艺术实践，服务我省乃至全国基础教育和社会文化艺术发展，致力于培育全人英才。

左图
湖南师范大学天籁合唱团，曾荣获 CCTV 第 14 届青年歌手大赛团体金奖。

面向未来，我们应以立德树人为根本使命，以培养德智体美自由全面发展的现代公民为旨归，不断加强理论研究，搭建实践平台，将社会主义核心价值观教育融入美育全过程，让大学生的艺术活动更加生活化、常态化、普及化；不断发挥学科优势，进一步完善艺术与人文课程体系，鼓励开发和培育传承中华优秀传统文化艺术的精品美育课程，将美育渗透到各门学科、各门课程的教学活动中；不断统筹整合资源，推进多维协同育人体制机制创新，建立学校、家庭、社会联动衔接的育人格局，形成课堂教学、课外实践、校园文化立体交合的育人合力。可以预见，不久的将来，在岳麓山下、湘江两岸、校园内外，芬芳的美育之花将处处绽放，结出累累硕果。

大学治理与《大学章程》

党的十八届三中全会提出，全面深化改革的总目标是"完善和发展中国特色社会主义制度，推进国家治理体系和治理能力现代化"，[1]创新性地将"制度"与"能力"联系起来，突出强调治理体系、治理能力要实现现代化。作为全面深化改革的重要领域，加快推进高校治理体系和治理能力现代化进程已经成为当前高等教育改革最紧迫而现实的任务。

当前，我国大学发展面临一些共性问题，主要体现在四个方面：一是大学办学自主权问题，二是学术权利与行政权力关系问题，三是教育资源不均衡问题，四是教学与科研关系问题。解决好上述问题，有赖于建立健全中国特色的现代大学制度。只有在清晰的责权范围、明确的大学及其相关要素的职能、自由的学术氛围、和谐的校园环境中，大学才能真正实现教书育人、科学研究、社会服务和文化传承创新的功能。目前我们面临许多挑战与问题，如何在制度与现实中得到妥善解决，这需要我们大学人共同探索。

大学治理结构是当前我国现代大学制度建设的核心。完善大学治理结构，关键在于解决好政府如何依法管理、学校如何自主办学、社会如何参与监督这三个基

1 习近平.习近平总书记系列重要讲话读本.北京：学习出版社，人民出版社，2014：48.

本问题。对于高校自身而言，推进大学治理体系现代化有三个维度：一是完整而科学的制度安排，二是保证制度和组织体系灵活运行的机制，三是能够有效形成和充分发挥教育治理能力。因此，加强大学章程建设，完善大学章程配套制度是推进大学治理能力现代化的必然要求。

大学章程作为学校的总宪章，是大学治理理念、治理结构的集中体现，是调节学校内外关系的基本准则。大学有了自己的章程，就相当于有了自己的根本大法。因此，要把大学章程作为大学的根本大法来看待，大学要自己规范自己，明确自己该如何发展，要把管理重心从政府管学校转移到学校依法自主办学上来，让学校治理完成根本性的转变。

一部好的章程制定出来，其生命力在于有效的实施。制定一部章程不难，难在执行和实施。如何在章程颁布之后确保其得到切实有效的实施，并在这个过程中把党和国家的办学要求与学校自身办学特色紧密相结合，把先进的办学理念和高校改革的现实基础紧密相结合，以此来推动学校治理体系现代化，是大学章程建设的应有之义。

第一，坚持和完善党委领导下的校长负责制。党委领导下的校长负责制是高校领导的根本制度，必须长期坚持，不断完善。但是，在不同的文化环境、不同的领导集体中，这一制度会面临不同挑战。要处理好书记与校长之间的关系，一方面需要两人境界高，哥俩好，需要两人

"高度信任、相互尊重、坦诚相待、加强沟通"[1]，另一方面更需要规章制度予以保障。2015年，中办55号文件重申了党委领导下的校长负责制这一制度安排。我校《章程》在"总则"第六条中予以了明确，并强调在办学过程中，其他制度探索都应在此框架内进行。在第十七至第十九条中，对党委书记和校长的主要职权与职责分别作了10项明确规定。依据《大学章程》，我校还完善了《湖南师范大学党委领导下的校长负责制实施细则》、《党委会议事规则》、《校长办公会议事规则》等各项决策议事制度及程序，进一步健全完善了学校内部组织体系和运行机制，促进了决策的民主化和科学化。

第二，建立健全以学术委员会为核心的学术治理体系。雅斯贝尔斯说："学术自由是一项特权，它使得传授真理成为一种义不容辞的职责，它使得大学可以横眉冷对大学内外一切试图剥夺这项自由的人。"[2]健全学术委员会就是为确保大学的这一特权不受侵犯。我校《章程》第二十一条规定："学术委员会是学校最高学术机构，统筹行使学术事务的决策、审议、评定和咨询等职权。"目前，学校正在抓紧完善学术委员会相关制度设计，学术委员会章程已进入征求意见阶段，各专门委员会的工作规程也在全面审视和梳理当中。我们还将根据《大学章程》，成立各学院学术委员会，把教授治学的重心往下

1 姜斯宪.变革中的大学章程[N].光明日报.2014-08-04.

2 卡尔·雅斯贝尔斯.大学之理念.邱立波,译.上海：上海世纪出版集团,2007：27.

移, 让教授们在学院发展、人才培养、师资建设等方面享有更多审议、咨询和决策的权力。

第三, 探索建立开放民主的社会参与机制。在这方面, 我校正在做的一项工作就是推进学校理事会建设, 有关组建方案正在加紧论证之中。我校《章程》第六十二条提出, 学校依法设立理事会, 明确理事会是学校发展建设的咨询、协调、审议与监督机构, 是学校实现科学决策、民主监督、社会参与的重要组织形式和制度平台。《章程》还明确了教职工的权利与义务、学生的权利与义务。目前, 我校已建成了阳光服务中心, 搭建了阳光服务平台, 进一步畅通了师生诉求渠道, 保障了师生合法权益。我们在优化育人环境上下功夫, 一方面探索建立有自身特色的理事会制度, 为社会参与者提供话语和管理平台, 实现大学利益相关者的"共同治理"; 另一方面扩大民主管理和民主监督, 比如说健全学校的教代会、校长学生助理制度、校长有约谈心谈话制度、院长圆桌会议制

右图
湖南师范大学
第二届校长学生
助理聘任仪式

度等，搭建教育阳光服务平台，实施干部考核网上测评制度、后勤服务质量满意度测评制度，等等。

第四，充分激发院系自主办学的内生动力。校院两级管理体制是大学内部治理结构的重要组成部分。我校《章程》第三十条规定，学校本着事权相宜和权责一致的原则，在人、财、物等方面赋予学院（部）相应的管理权力；学院（部）在学校授权范围内相对独立地自主管理、运行。为了进一步理顺学院工作机制，学校出台了《湖南师范大学学院教学部党政联席会议制度实施办法》。该《办法》的出台，进一步推进了学院（部）议事决策的制度化、科学化。

大学章程建设是一项长期的系统工程，任重而道远。虽然我校在实施大学章程方面已经做了一些工作，也积累了一些经验，但与国内外一流大学相比，仍有一定差距，仍需要不断砥砺创新，我们将以全面实施《大学章程》为契机，进一步树立法治思维、改革意识，深化学校综合改革工作，努力推进学校治理体系现代化。

巨型大学观及其他

　　克拉克·克尔出生于1911年5月。他曾先后就读于斯沃思莫尔大学、斯坦福大学和加州伯克利大学，1952 — 1958年任加州大学伯克利分校校长，1958 — 1967年任加州大学总校区校长，1967年，加州大学董事会借口60年代学生运动之事免去克尔的校长职务。1967 — 1973年克尔任美国卡内基高等教育委员会主席，1974 — 1979年任美国卡内基高等教育政策研究委员会主席。1990年，获马克格劳教育奖章；1996年，获加州大学校长奖章。从1952年到现在，克尔共获38个荣誉学位。2001年5月，美国学术界为庆祝克尔博士90华诞，在伯克利举行了为期两天的隆重庆典活动。[1]

右图
克拉克·克尔

1　克拉克·克尔.高等教育不能回避历史.王承绪.译.杭州:浙江教育出版社，2001: 3 - 4.

克尔一生为美国的高等教育做出了杰出贡献，他的名字注定要载入史册，这一点凡熟悉美国高等教育的人都是不用怀疑的。有人评价他说："如果有谁可以称之为当代高等教育转变的设计师的话，此人就是克拉克·克尔。"英国当代鼎鼎有名的教育家阿什比评价说："克尔在高等教育的作用是具有国际性的，因为克尔本人是一位国际性的人物。……尽管克尔的同事比我更详尽地了解他，但是我可以证明，他的声望响彻大西洋和太平洋的两岸。"[1]

克尔的《大学的功用》一书，是他1963年4月在哈佛大学戈德金（Godkin）讲座上的演讲汇集并于同年出版，1972年和1982年再版。在20世纪60年代，美国的大学也正处于一个历史转折点，正如克尔在《大学的功用》1963年版前言中指出的："美国大学在沿袭过去的同时，正朝着另一方向转变。"[2]人们已经意识到大学是人们获取新知识和得到新发展最重要的动力站，也是关系到国家兴衰的最强有力的因素。大学已非昔日部分人在其中陶冶情操、学习知识的象牙塔，大学的大门应该向整个社会开放，"整个一代人正在叩击高校的大门"，"人们还要求大学向民众普及知识，使空前的人口接受教育"[3]。正因为如此，大学在人们心目中已开始处于一种新的中心位置，大学的性质与功用不得不重新审视。

1　施晓光.美国大学的思想论纲.北京：北京师范大学出版社，2001：153.

2　克拉克·克尔.大学的功用.陈学飞，等译.南昌：江西教育出版社，1993.

3　克拉克·克尔.大学的功用.陈学飞，等译.南昌：江西教育出版社，1993：5-6.

克尔在他的《大学的功用》一书第一部分"多元巨型大学观"中，首先对传统大学、现代大学以及当代多元巨型大学进行了历史回顾与比较，然后提出了巨型大学的概念与管理。最有趣的是，他对多元巨型大学校长的角色与职责进行了详细和生动的论述。

西方自近代以降，有关大学的理念与功能至少存在着人文主义和科学主义两派之争。人文主义的伟大倡导者是英国19世纪的红衣主教纽曼，他所面临的形势是：在英国工业革命兴起之后，科学的社会地位和影响日益上升。英国出现的"新大学运动"，主张扩大学生入学规模，摒弃宗教教育和不注重知识的整体性，功利主义和科学主义的教育理想使英国传统的古典人文主义受到了严重挑战。正是在这样的背景下，纽曼高举人文主义旗帜，提出了自己的大学理想。他认为：大学教育的目的是发展人的理智，大学的真正使命是"培养良好的社会公民"并随之带来社会的和谐发展。[1] 他反对在大学里进行狭隘的专业教育，大学应以培养集智慧、勇敢、宽容、修养等于一体的自由教育为主旨。在对大学的功能定位上，他在《大学的理想》前言中宣称："我对大学的看法如下：它是一个传授普遍知识的地方。这意味着，一方面，大学的目的是理智的而非道德的；另一方面，它以传播和增广知识为目的。"[2] 从中我们得知，纽曼心目中的大学不是科研之地，而是教学的场地，培养人才的机构，也是

1　约翰·亨利·纽曼.大学的理想.徐辉，等.译.杭州：浙江教育出版社，2001：2 - 3.

2　约翰·亨利·纽曼.大学的理想.徐辉，等.译.杭州：浙江教育出版社，2001：1.

保存文化和科学的殿堂。到20世纪，美国芝加哥大学校长赫钦斯秉承纽曼的自由教育思想，他捍卫学术自由，对当时盛行美国的实用主义提出批评，反对大学过分专业化，强调学生的心智训练，引进名著学习与阅读。我国多年来重理轻文和讲究实用之风盛行，纽曼和赫钦斯的教育思想迄今对我们仍有许多借鉴意义。

与纽曼所怀抱的理想迥然不同的是德国的柏林大学校长洪堡的教育理念。他认为大学的首要任务是发展知识，而不是传授知识，大学应该是科学研究的中心，不仅仅是教学的阵地。洪堡所创办的柏林大学成为现代化大学的典范。在19世纪末到20世纪初，美国的大学在霍普金斯大学校长吉尔曼（Daniel Gilman，1831 — 1908）和哈佛大学校长艾略特的率领下，借鉴德国柏林大学的经验，进行大踏步的教学改革，美国一些名牌大学步入世界一流行列。对英德美大学的特点及其贡献，美国教育家弗莱克斯纳（Abraham Flexner，1866 — 1959）在其《现代大学论——美英德大学研究》一书中作了详细的探讨。

在该书中，弗莱克斯纳还指出了现代大学的意义。他说："在这动荡的世界里，除了大学，在哪里能够产生理论，在哪里能够分析社会问题和经济问题，在哪里能够理论联系事实，在哪里能够传授真理而不顾是否受到欢迎，在哪里能够培养探究和讲授真理的人，在哪里根

1 罗伯特·赫钦斯. 美国高等教育. 汪利兵，译. 杭州：浙江教育出版社，2001：1.

据我们的意愿改造世界的任务可以尽可能地赋予有意识、有目的和不考虑自身后果的思想者呢？人类的智慧至今尚未设计出任何可与大学相比的机构。"[1]克尔亦认为大学的重要性在当代社会愈加突出，全社会的资源与聚焦都集中到大学城，多元巨型大学成为最繁忙的交通枢纽。

在克尔看来，大学的理念也应随着时代的发展而不断地发展。1852年纽曼所认为的理想的大学在现代已经灭亡，连弗莱克斯纳所赞扬的现代大学在当代也正在灭亡。"历史的流逝比观察者的笔墨要快得多。"[2]他打比方说，大学在纽曼那里不过是"一个居住僧侣的村庄"，在弗莱克斯纳那里"是一座城镇——一座由知识分子垄断的工业城镇"，而当代的多元巨型大学是一座充满无穷变化的城市。

克尔心目中的多元巨型大学具有多层次意义：首先，在地域上它是一座丰富多彩的城市，"比起村庄来，它较少社区感，也较少局限感。比起城镇来，它较少目的感，但达到优越的途径却较多。它还有更多无名氏的避难所——为创新者也为流浪者。与村庄和城镇相比，城市随着自身的发展，愈加类似于文明的整体和文明不可缺少的部分；它进入或脱离周围社会的速度已大大加

1　亚伯拉罕·弗莱克斯纳.现代大学论.徐辉,等.译.杭州：浙江教育出版社，2001：10.

2　克拉克·克尔.大学的功用.陈学飞,等.译.南昌：江西教育出版社，1993：4.

快。如同在一座城市里，在一种法规的管辖下，有着许多互不相连的努力一样。"[1] 其次，构成这个大学城的成员和社群是多层次的："他们来自所有的阶层和种族；他们发现自己置身于一种强大的竞争气氛中。他们同整个社群一致的少，而同亚群体一致的多。"[2] 这个亚群体由若干个社群组成：本科生社群和研究生社群、人文主义者社群、自然科学家社群、专业院社群、非学术人员社群、管理者社群。克尔对多元巨型大学的定义作了全面解释：

1　克拉克·克尔.大学的功用.陈学飞,等.译.南昌：江西教育出版社.1993：26-27.

2　克拉克·克尔.大学的功用.陈学飞,等.译.南昌：江西教育出版社.1993：27.

"现代大学是一种'多元的'机构——在若干种意义上的多元：它有若干个权力中心，不是一个；它为若干种顾客服务，不是一种，它不崇拜一个上帝；它不是单一的，统一的社群，它没有明显固定的顾客。它标志着许多真、善、美的幻想以及许多通向这些幻想的道路；它标志着权力的冲突，标志着为多元市场服务和关心大众。"[1]

对克尔提出的多元巨型大学，我们要有几点清醒认识：

其一，知识在当今社会的指导意义远胜过任何时期，对国家发展起到了"焦点的作用"，而大学则是知识产业的中心。大学对国家和社会的服务已经渗透到各个行业中去了。克尔总结得很精辟："最初，大学是为社会精英服务的，而后又为中产阶级服务，现在则为所有人服务，不论其社会和经济背景如何。"[2] 美国能成为世界超级强国，这与美国多年来对教育的投入分不开，发达的教育又相应地增强了美国的综合国力。例如，在波士顿和华盛顿之间分布的大学和实验室，集中了46%的美国诺贝尔奖得主和40%的国家科学院院士；加利福尼亚绵延海岸矗立着伯克利、斯坦福、洛杉矶、圣迭亚哥等大学城，拥有36%的诺贝尔奖获得者和20%的国家科学院院士；而芝加哥地区的大学城拥有10%的诺贝尔奖得主和

1　克拉克·克尔.大学的功用.陈学飞，等.译.南昌：江西教育出版社，1993：96.

2　克拉克·克尔.大学的功用.陈学飞，等.译.南昌：江西教育出版社，1993：64.

14%的国家科学院院士。"不重视训练有素的智力资源的种族注定要灭亡"。近年来，我国实行科教兴国的政策是完全正确的。在民族兴亡和国际竞争背景下，我国的高等院校也应担负起强国创新的重任，大学在知识创新、传道授业、服务社会等诸方面应发挥更大的作用。经过多年的投入和积累，我国已形成了北京、上海、武汉、西安等高校密集的城市。近年来经过大学的合并与重组，我国高校的结构与资源配置更趋合理。我们至少要树立一个观点：在我国的不同地区和重要城市，要有一批进入世界先进行列的大学和大学城，在每个省的重要城市至少要有一所引以自豪的大学和一座促使其经济文化发展的大学城。世界著名的城市必有一所著名的大学，强大的国家必有强大的教育。

其二，多元巨型大学不仅是多校园院校意义上的多校园大学，它更像一座智力城、思想城。在这座大学城中，它有着"一系列完整的社群"，同时它又为不同社群的人们服务，它的内部机制是充满变化和开放的，而不是自我封闭和僵化的。它所努力的目标不是一个，而是沿着一个连续统一体的多种目标。在管理机制上，除了充分发挥校长和校董事会的领导作用之外，要"把管理更直接地与教师个人和学生联系起来。我们需要把权力分散到大学一级以下的各工作机构，需要使教师群体成为更加充满活力、更有生气、更进步的力量"。目前，我

1 克拉克·克尔.大学的功用.陈学飞，等，译.南昌：江西教育出版社，1993：83.

国许多大学经过合并之后应尽力缩短磨合期，并减少人事之类的纠纷，把工作的重心转移到如何建立现代化的办学体制上。大学城形成后，要充分发挥我国体制的优越性，做到资源共享，将产、学、研一条龙的能力充分调动起来。

其三，克尔在《大学的功用》一书中似乎较多地强调大学满足社会的实用功能，这里我不妨引用另一位教育家的话作为映照："大学不是风向标，不能什么流行就迎合什么。大学应不时满足社会的需要，而不是它的欲望。"[1]

1 亚伯拉罕·弗莱克斯纳. 现代大学论. 徐辉，等，译. 杭州：浙江教育出版社，2001：8.

风景独好：大学与城市

美国教育家克尔把现代多元巨型大学比喻为"一座五光十色的城市"，"一座充满无穷变化的城市"。[1]大学与城市作为人类文明发展的两大标志性成果，自诞生时起便结下了深厚的文化渊源。大学与城市相互交织与碰撞，演绎了人类文明史上奇妙的双重变奏曲。

左图
岳麓山大学城（局部）

大学是城市最独特、最有魅力的风景线

大学是城市的产物。从起源来看，西方的大学与城市都产生于欧洲中世纪。新兴的自治城市不仅为大学的兴起提供了坚实的物质基础和生存发展空间，而且促使

1 克拉克·克尔.大学的功用.陈学飞,等,译.南昌：江西教育出版社,1993：26.

各地知识分子汇集于城市中心，组建了学者的社团或行会，即现代大学的雏形。意大利博洛尼亚大学被欧洲人称为"大学之母"，自公元1088年建立起，便吸收了博洛尼亚城独特的天然养分。

最初，大学与城市的关系并不总是融洽的，"城镇与学袍"之间的矛盾、冲突不断。甚至，大学虽在城市之中，却不受城市的管辖。布罗克里斯（Laurence Brockliss）论述大学与巴黎的关系时说，"它不是作为巴黎的大学而存在，而是作为学者的大学存在于巴黎"。[1] 1167年，英格兰国王同法兰西国王争吵，导致巴黎大学的英国学者从巴黎回到伦敦。这些学者聚集于牛津，创建了牛津大学，开创了英国现代大学的历史。1209年，在牛津学生与镇民的冲突事件过后，一些牛津的学者又迁离牛津至东北方的剑桥镇，创建了剑桥大学。如今的牛津已是"大学中有城市"，商业区和学院区已没有明显的分界线。

900多年来，由于大学的学人与城市的市民长期交往，两者因日益紧密的经济联系和渐趋一致的共同利益而达成妥协，形成了共生共存的关系格局——大学在城市提供的空间中有效延续着，城市则为大学提供完备的公共服务依托与丰富的物质支撑。在爱尔兰都柏林，在西班牙埃纳雷斯堡，在俄罗斯莫斯科，在中国北京，大学总是自然地镶嵌于城市之中，成为城市最为独特最有魅力的风景线：精密的实验仪器与古朴的文献经典并存，

1 任茵.大学文化与城市文化互动关系探讨——以欧洲与美国为例 [J].教育教学论坛，2013（42）：115-116.

明亮的教学楼与威严的古堡并立，师生们穿梭在图书馆、实验室、宿舍楼中，也流连于咖啡馆、大草坪与小酒馆内，书香鸟语，活力无限。

大学涵养城市的文化与灵魂

一座城市塑造一所大学，反过来，一所大学也繁荣一座城市。在欧洲，传统式大学，如牛津大学和剑桥大学，重文法，重学术，以神学和古典学科为主，传承着一座城市的文明和历史。但到了19世纪60年代 — 70年代，大学与城市进入了共生发展的新时期，当国家战略发展向大学提出了新要求后，一场具有里程碑意义的教育革命"城市大学运动"应运而生。在中国，一个城市一旦拥有了一所优秀的大学，大学就成了这个城市的地标，自然而然奠定了其文化中心的地位，南京、西安、上海、广州等莫不如此。甚至像昆明这样的城市，西南联大哪怕不复存在了，也仍然继续涵养着这座城市的文化与灵魂。

大学是推动城市社会经济发展的强大引擎

大学与城市社会、企业之间的互动关系更加紧密，从宏观战略的荣辱与共，到具体的技术转化和人才输出，莫不如此。大学校园——城市社区——产业集群日益走向共生与融合，三元一体的发展给城市社会经济发展带来持续的活力以及品质的提升。

在美国，拥有斯坦福大学、加州大学等高校的硅谷地区和哈佛大学、麻省理工学院等一批名校云集的128公路地区，以大学为圆心，带动了沿线城市工业化发展，成为推动美国乃至世界经济发展的强大引擎，并催生了知识经济时代。斯坦福大学校长亨尼斯（John Hennessy）说："没有斯坦福就没有硅谷。"[1]因此，像斯坦福大学这样的高端智力资源支撑平台，在促进城市的发展方面，具有举足轻重的作用。

在中国，大学对于城市经济社会发展的贡献力也是非常明显的。就拿20世纪90年代中期开始建设的以大学为主体的科技园区——北京中关村大学科技园区来说，这里拥有以北京大学、清华大学、中国人民大学为代表的高等院校41所，是我国科教智力和人才资源最为密集的区域，现已成为首都区域创新体系建设的重要组成部分。这生动地诠释了一个道理，一座城市大学越多，这座城市的发展越好。

大学是城市的灵魂与名片

大学还是一个城市的精神与灵魂之所在。千年学府岳麓书院便是大学与城市骨肉相连、水乳交融的生动诠释。它从历史中走来，铸造了长沙人重文重义重天下的情怀，也使得历代征讨长沙者，都想渡湘江而毁之，以破坏

---

1 阎光才.斯坦福的硅谷与硅谷中的斯坦福[J].教育发展研究，2003（23）：87-91.

和斩断长沙这座城市的文脉。尽管迭遭战争洗礼，屡修屡毁，又屡毁屡修，书院始终以其独特的韧性，延续流传不绝的湖湘文脉。

可见，大学对于城市的意义，绝不仅仅是培养了多少人才，贡献了多少经济增长点，更在于大学是城市的灵魂。城市文明的塑造、社会价值观的弘扬无不与大学密切相关。大学作为城市体系中的重要组成部分，培育、传播、守护着城市的文化，为城市增添了无尽活力。因而可以说，一座好的城市必然有一所或几所好的大学，大学就是一座城市的名片。

大学城的兴起：大学与城市的联盟

进入21世纪，大学与城市的联盟，不仅成为大学发展拓展空间资源的主动选择，也是大城市内涵发展的文化自觉。大学城的兴起就是这种关系最为直接的注解。城市和大学是命运共同体，名城崛起与名校支撑息息相关。曾经，杨浦是上海的工业老城区。2002年起，上海市推进"工业杨浦"向"知识杨浦"转型。十多年间，复旦大学、同济大学等17所高校在原址扩建近一倍，一批以大学科技园为核心的科技产业园区勾勒出"都市硅谷"的轮廓，校区、园区、社区广泛联动，城市副中心呼之欲出，"城市的大学、大学的城市"发展理念得到很好落实。

　　"惟楚有材，于斯为盛。"位于岳麓山下的大学城，山水洲城互为掩映，20多所高校和科研院所坐落其中。湖南省和长沙市的领导高度重视岳麓山国家科技大学城建设，省第十一次党代会提出要把这里规划好、建设好、保护好，打造成为世界最好的大学城之一。我和同事们都为这个战略决策感到鼓舞和钦佩。可以期待，在不久的将来，这里将被打造成全国一流乃至世界知名的高品质大学城，不仅让师生、市民和创客工作在秀美的湖光山色之中，还将助推长沙创建国家中心城市，为城市的发展提供源源不断的人才、科技和文化支撑。为此，我们要抓住机遇，加快发展，不仅要在内部建设上打破体制的条条框框，为开放发展和创新创意助力，还要积极推进大学城共享发展，创造条件使大学城各单元之间更加开放融合，在教学科研、图书资料、实验场馆、信息技术上共建共享，在竞争中彼此借鉴、互动交融、共同发展。

大学是城市创新发展的源头活水和最佳助力

校依城而立，城依校而兴。一方面，城市要实现经济、社会的转型发展，建设创新创业高地，就必须将大学这一发展的源头活水纳入顶层设计，使之能与城市其他子系统和谐共处，获得时间和空间上的可持续发展；就必须重视师生呼声，努力对接大学教师、学生的学习、生活实际需求，为知识分子的个人发展搭建良好平台；就必须营造自由风气，构建宽松、包容的氛围，促使大学以深远的思想引领社会进步。另一方面，大学也应当从象牙塔里逐渐走向社会中心，成为城市前进的动力。在文化上，提升城市的品格，涵养城市的人文，推动城市文化品位和市民文明素质的提升，成为区域经济社会发展的思想高地；在科技上，将大学的人力资本和科研成果投放到城市发展当中，探索大学、研究院与城市共建产学研联合体的新模式，打通科技成果产业化通道；在市民生活上，积极开放图书馆、体育场馆、博物馆乃至公开课等教学资源，借助理事会等机制体制密切包括基础教育、医疗资源在内的校地合作，构建校地资源共享平台。一座名校、良师、骄子云集的城市，必定会聚集巨大的创新潜能和发展的不竭动力。

湘江之畔的岳麓山大学城得天独厚，既有文化底蕴，又有青山绿水，城市与大学浑然一体，承载着千年学府的荣光与湖湘文化的灵魂。"双一流"建设将会催生大学城建设开花结果、枝繁叶茂，使大学真正成为长沙城市创新发展的最佳助力，让名城和名校相得益彰。

漫谈智慧校园

上世纪80年代初，我在上大学期间读到了美国著名思想家托夫勒（Alvin Toffler, 1928 — 2016）的代表作《第三次浪潮》。在这本书里，他谈到了未来社会、信息革命，很多理论是第一次听到，感觉像天方夜谭一样。2001年我到美国留学，那时候就可以通过电脑与家人视频聊天。这既节约了电话费，又缓解了我的思乡之苦。正是电脑的普及，缩短了人们的时空距离，整个地球就如同一个小村落，我们的交流方式、生活习惯都随之发生了翻天覆地的变化。不久前，我校主办了一次语言大数据研讨会。在会上，中译语通科技（北京）有限公司的于洋先生介绍了一款语言翻译软件，通过这款软件，可以基本实现各种语言的无障碍互译互通。对于从事翻译工作的人，那个曾经遥不可及的沟通无障碍的梦想已渐渐变成了现实。可以说，日新月异的信息技术，已然融入到社会生活的方方面面，并深刻改变了人们的思想观念、人生态度和生活方式。

信息资源是文化生活的重要组成部分。就某种意义而言，大学的教育就是对各类信息与知识进行遴选、加工、设计、组合、创新，并有组织地传授给学生的过程。密歇根大学校长杜德施塔特（James Duderstadt）指出："信息技术对研究型大学的影响极有可能非常深刻、迅疾和具有突变性——就像它曾经而且还会继续对我们的经济、社会生活及其他社会机构已经产生的巨大影响那样。"[1]面对信息技术和互联网社会的快速发展，大学既要成为信息资源的集成、研究者，培养学生适应时代、自主创新的能力，更要率先垂范，顺势而为，构建起智慧校园，成为引领信息社会的先驱。

2008 年，美国国际商业机器公司（IBM）总裁兼首席执行官彭明盛（Samuel Palmisano）在一次演讲中首次提出了"智慧地球"（Smarter Planet）的理念。两年后，南京邮电大学宗平教授在一篇论文中提出了"智慧校园"（Smart Campus）的概念。在他看来，智慧校园是智慧地球的有机组成部分，是教育发展的高级形态和学校建设的理想目标。借助信息技术和信息化思维，智慧校园这一开放、共享的"互联网+"校园模式，将会让大学成为受教育者能力获得的新起点。尽管我们对智慧校园充满期待，但在信息技术蓬勃发展的今天，传统思维依旧使不少优质的信息资源难以得到充分使用。密涅瓦大学（Minerva Schools at KGI，是指由美国一批杰出

左图
湖南师范大学
智慧校园
架构图

1 郑旭东，杜德施塔特高等教育理论与实践探究．武汉：华中师范大学出版社，2016：82.

教育家共同创办的世界性大学）甚至激进地指出，大学的"历史遗留问题太多"，不"颠覆"观念就无法实现真正的转型。我们虽然对这一激进观点持保留态度，但是他们揭示的问题却值得我们深入思考。

　　智慧校园要以服务现代大学建设为目标，为学校实现战略目标提供技术支持和服务保障，全面推动管理、科研、教学等方面的变革。目前，大部分高校都已建成各类信息系统，这些数据积累为师生的学习、工作提供了丰富的信息支持。但在智慧校园，数据不能只是单点传达，信息技术也不能只是业务流程的辅助工具，而应当借助互联网、大数据的力量，建立一个全面的精细化管理、协同化支撑、个性化服务信息平台，实现从IT（Information Technology）向DT（Data Technology）的快速跨越。早在20世纪80年代，美国高校就开始设置首席信息官（Chief Information Officer），经过20多年的发展，其管理已实现了从依靠"人、财、物"三大要素向"人、财、物、信息"四大要素的转变，所有因素都由技术进行驱动。在我国，不少高校也扮演着先行者的角色，例如浙江大学于2010年在全国高校中率先提出要致力于"智慧校园"建设，结合云计算、物联网和大数据等信息技术，推行"三张清单"、行政服务办事大厅和校务服务网建设，倒逼管理服务机制和模式改革、重组，搭建起"一门式"、"一窗式"的办事平台。复旦大学建立了层次化的数据利用和服务体系，将师生、二级单位和学校作为三个不同的数据业务主体进行服务和管理，构建数据从产生到流通的良性生态环境。

管理服务得到提升的同时，我们还应推动科研与教学的信息化，更加关注信息技术研发与应用能力提升，推进深层次的理念转变，拓展智慧校园的内涵。在科研上，大学要以云、网、端为支点，实现软硬件的同步推进。所谓云、网、端，分别指云计算、大数据等基于数据的解决方案，互联网、物联网等网络的互联，以及各类移动终端设备。这三者是智慧校园建设的核心要件。数据与网络不会说话，只有对其加以深入研究，推动系统应用升级、数据架构整体设计和数据分析挖掘，才能打破信息壁垒，充分释放信息技术与大数据的综合价值。

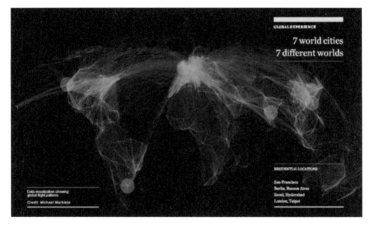

左图
密涅瓦大学
在全球七大
城市设立了
校区

在教学上，要优化教学管理，构建开放的学习体系。位于旧金山的密涅瓦大学，就采用了线上线下相融合的教学模式：学生所有课程的学习都是通过网络平台进行和完成的；上课之余，学生参加课外活动和实际的生活体验，作为线上教学的补充。该校校区分布在全球七大城市，包括孟买、布宜诺斯艾利斯、香港、柏林、伦敦等。

学生以班级为单位住在某个城市，整个城市都是他们的校区。因此，他们会较快融入当地的文化，掌握当地的语言，并充分利用这个国家和城市的特点进行实践性的学习活动。这一教学模式的出现向我们传达了全新的讯号：大学的存在方式会随社会发展而改变。作为教育工作者，我们要秉持开放、共享的理念，利用信息技术完善教学管理流程，丰富师生间的学习、交流模式，并积极参与数字化学习（E-Learning）、翻转课堂（Flipped Classroom）、慕课（MOOC）等网络化学习模式。从"一棵树"转变为"一片森林"，构建起"全球校园、本地校园、线上校园"的大格局。而对于学生，要对接个性化学习的发展方向，将学习、科研、生活融入智慧校园的新组织形态里，让学生可以随时随地随个人喜好自主选择学习内容，自由分享学习经验，主动与学习同伴沟通、交流、协作。

具体到智慧校园建设上，则要努力实现三个转变，即：从独立系统向数据共享平台转变，从提供技术支撑向提供信息服务转变，从面向管理需要到面向教与学需要转变。并在两个方面进行努力，一方面大力推进师生员工智慧校园开放共享意识及能力提升，一方面大力推进信息技术在教学科研和管理工作中的应用，从而实现将开放共享的理念融入教学管理之中。可以想见，一旦智慧校园激活创新动能，现代大学转型发展将迎来又一个春天，信息化必然成为推动现代大学建设的强劲动力。

母校明天会更好

江南好，最美在杭州。在这美好的时节，来到杭州西子湖畔的三生堂，与广大在浙校友一起，共同见证浙江校友会暨杭州校友会成立。

一所大学的声誉，源自深厚的办学传统和文化积淀。吾校自创建以来，就以做"文化的先进，国民的导师"为理想，将自身发展与国家前途、民族命运紧密联系起来。在民族救亡图存的抗日岁月，廖世承、钱基博、钱锺书等先辈在蓝田国师筚路蓝缕，艰苦创业。新中国成立后，特别是改革开放以来，学校锐意进取，广揽海内外英才，于1996年跻身国家"211工程"重点建设大学行列。新世纪以来，学校又先后合并了湖南教育学院、湖南政法管理干部学院和湖南医学高等专科学校，学科门类更趋齐全，综合实力日益增强。学校现有7个校区、24个学院、3所孔子学院，在校学生3.6万人，在职员工3000余人，是湖南省属高校的排头兵，位居全国地方院校和全国师范大学前列。79年过去，学校虽然历经沧桑，但"仁爱精勤"的校训精神却从未褪却理想光芒，一直指引师大人不懈努力，追求卓越，砥砺前行。

一所大学的发展，源自师生的精诚团结和奋发进取。如今的师大，正处于历史上最好的发展时期之一。我和李民书记、新一届领导班子精诚团结，努力推动事业发展，整个学校呈现出蓬勃生机。我们牢固树立"大学为学生"的理念，在坚持办好教职工代表大会、工会会员代表大会的基础上，进一步建立健全了学术委员会、院长圆桌会议、校长学生助理等制度，学校现代治理制度体系不断完善；我们成立体育运动委员会、美育教学指导委员会和创新创业教育领导小组等，为实施全人教育打下了坚实基础；我们大力实施"世承人才计划"、"潇湘学者计划"，形成了筑巢引凤、英才来归的生动局面；我们建成湖南省属高校中首个国家重点实验室和两个国家地方联合工程实验室，还有省属高校中唯一的教育部人文社科重点研究基地，科研能力和社会服务能力不断增强；我们全面关爱学生，兴建了理化综合实验大楼、游泳训练馆等教学设施，回购并改造了天马学生公寓，为学生宿舍装上空调和热水，办学条件大为改善。当前，湖南省和长沙市正全面启动岳麓山国家大学科技城建设，为我们校园规划建设带来了新一轮契机。麓山南路将会发生新的变化，大家记忆中的二里半校区也将发生深刻变化：沿麓山路往南，在生科院，我们新建了生物技术大楼，首个国家重点实验室和印遇龙院士的工作室就在其中；在二里半，我们将按原貌恢复老校门，并规划建设科技广场，作为岳麓山大学城的北向门户；在化工院，我们新建了化学化工大楼，姚守拙院士的实验室就在其中；接下来是图书馆，图书馆二期扩建工程已经完工，正在对其进行内部装修装饰，地铁4号线的站点就设在五舍广场附近，以后大家可直接从机场、高铁站转地铁回母校了；再往南，我们将拆除老体育馆新建多功能高标准的艺体中心，像开学典礼、学位授予仪式、重要文艺晚会等活动就都可以安排在室内了；我们还将规划建设湖湘博物馆,面向社会开放,让广大市民可以领略学校丰富的馆藏动植物标本、古籍善本和珍稀字画等。在桃子湖,大家记忆中的堕落街也全面升级了,我们与湖大共同托管了"两山一湖"双创基地,我们建设的桃子湖文化创意产业园即将开园。可以说,学校发展日新月异,我相信未来会更加美好。

一所大学的荣耀,源自人才的培养质量和校友贡献。美国加州大学前校长克拉克·克尔说,大学基业常青的原因之一是具有最为忠诚的客户和品牌,这客户和品牌就是我们的学生,就是我们的校友。校友是大学最为宝贵的财富,是推动母校发展永不枯竭的动力。长期以来,广大在浙校友扎根之江大地,在中国这片最为活跃的创新创业沃土上,用聪明才智致力于地方经济社会发展,用拼搏实干成就精彩事业,涌现出像陈大可院士这样一批杰出校友。今天我们在这里举行浙江、杭州校友会成立大会,这是校友会历史上的一件大喜事。接下来,我们要在全国各省各地陆续把校友会组织健全起来,把校友总会和各地校友会建成传播信息的重要载体、互促共进的发展平台、联络感情的精神家园。今年下半年,学校将举行校友理事会换届大会,成立湖南师范大学理事会,希望广大校友积极参与到学校改革发展事业中来,汇聚成母校"双一流"建设的磅礴力量。明年金秋,母校将迎来80华诞。借此机会,我向大家发出诚挚邀请,欢迎你们回母校,回到岳麓山下,重温求学时光,感受母校变化,共筑师大辉煌!母校永远是校友温暖的家!

在此，我填词一首以志庆贺：

《为浙江校友会成立而作》

欢喜杭州聚。
俏江南水光潋滟，夏荷妮语。
迎来师大好校友，才华个个翘楚，
青山在，时光飞渡。
岳麓风雨依入梦，意长情留木兰路。
湘水滨，斜阳伫。

江山万里知何处？
真英雄志在天涯，岂有畏途。
念去去千里烟波，谁笑持彩练舞？
西湖瘦，洞庭波涌，
纵遍访江村水阔，唱晚渔歌华发付。
母校情，心头驻。

（该文根据2017年浙江校友会暨杭州校友会成立的
讲话稿改写。）

怀念廖世承先生

左图
廖世承先生

金秋十月，是校友最爱相聚的日子。我们的大学章程把10月27日定为校庆日。看到校友回到母校，我不禁想到学校的开创者——国立师范学院首任校长廖世承先生。

钱锺书先生的小说《围城》里有一些我校初创时期的相关故事，但其中对三闾大学校长高松年的描写，与我们的廖世承校长相差甚远。"高校长肥而结实的脸像没发酵的黄面粉馒头，'馋嘴的时间'咬也咬不动他，一条牙齿印或皱纹都没有。"[1]高校长是位老科学家，而我们的廖世承校长是位教育心理学家，他眉目清秀、文质彬彬，学生描述他"个子长瘦，金边眼镜，望之俨然，有人说他即之也温"。

1 钱锺书.围城.北京：人民文学出版社，1991：181.

廖世承，字茂如，上海人，生于1892年6月14日，逝世于1970年10月20日，享年78岁。少时家境不富裕，喜好读书，且会读书。1912年考入北京清华学校高等科（理科），1915年赴美留学，家人不希望他干"一生吃粉笔灰的、没有出息的教育事业"。他不顾许多亲友反对，献身于教育事业，先后获学士、硕士、哲学博士学位。1919年回国，受聘于南京高等师范学校任教育科教授，主讲教育心理学、中学教育等新课程，很受学生欢迎。廖世承先生在中国教育史上最大的贡献莫过于创建了两所现代大学：1927年创办上海光华大学（上海师范大学前身），1938年创建国立师范学院（湖南师范大学前身）。我校与上海师范大学迄今关系亲密如一家人，因为我们的首任校长都是廖世承先生。一位好的大学校长应该是拥有好的办学理念并能付诸行动的人，廖世承校长就是这样一位理想与行动完美结合并富有人格魅力的人。

右图
国立师范学院举行九思堂落成典礼。国师创建时期，仅有李园房屋一所。

他爱国。在抗日烽火之中诞生的国立师范学院，从一开始就承担着保国救亡的使命。廖世承校长在《师范教育与抗战建国》一文中提到："抗战的胜利，可说是教育的胜利；抗战的失败，可说是教育的失败。"[1]他亲撰校歌："国师，国师，文化的先进，国民的导师，陶甄人才，作育多士，建树一代良规，忠于为人，勇于克己，披荆斩棘，履险如夷，宏施教泽，百年以为期，千载有余思。国师，国师，青年的先导，建国的良师，爱护幼童，扶植少壮，创立和平始基，诚以待人，义以接物，摩顶放踵，念兹在兹，风行草偃，百年以为期，千载有余思。"[2]爱国，做文化的先进、国民的导师，应该是我校永久的信念。

他爱教师。他说："一个学校的最后成功，就靠教师。无论宗旨怎样明定，课程怎样有系统，训育怎样研究有素，校风怎样良善，要是教师不得人，成功还没有把握。"[3]他心诚备至，说到做到，多方延聘高士、海内泰斗，汇集一校，盛极一时。国文系钱基博、马宗霍、骆鸿凯为当时国学大家；教育系孟宪承后成为华东师范大学校长；史地系李剑农（1880 — 1963）为中国现代著名史学家，在中国古代经济史和近代政治史研究领域有重要影响。英语系钱锺书被誉为中西文化昆仑级的学者。从这里列举的几位大家可窥见当时师资队伍之强大。

1 廖世承 . 师范教育与抗战建国 [J]. 国师季刊 , 1939（1）: 51-55.

2 同上 .

3 同上 .

他爱学生。国师创建之初，条件艰辛，院址设在湖南蓝田（娄底涟源市），这里四面群峰耸拥，山环水绕，《围城》描写"三闾大学"的情景如下："这乡镇绝非战略上必争之地，日本人唯一豪爽不吝啬的东西——炸弹——也不会浪费在这地方。"[1]这是对当时校况的真实描绘。廖世承校长舍弃上海的小家，来到湖南，与师生同吃同住，经常与学生交流答疑，在国师建立导师制，在艰苦条件下率先垂范。

他爱学问。大学是学府，校长应该是爱学问、做学问且比较有学问的人，这样才能把一所大学带向高的境界。廖世承校长虽校务繁忙，但仍坚持教学与科研并举，几乎每年写书一册。1924年出版的《教育心理学》、《中学教育》等专著，是我国最早的两本高师教科书。1921年，他与陈鹤琴在测试基础上合编出版了《智力测验法》一书，是我国最早的智力测验著作。1925年，他又与陈鹤琴合编出版了《测验概要》一书。该书被公认为"测验最简便的用书"。在廖世承校长领导下，国师是当时中国最好的大学之一。

斯人已逝，风范长存。廖世承校长永远是我们铭记与学习的榜样。

1 钱锺书.围城.北京：人民文学出版社，1991：182.

一位理想与行动兼备的人

　　我刚进大学读书时，张楚廷教授就已是我校的校长了，那时他45岁，正值年富力强、意气风发的年纪。时间过得真快，转眼35年过去了。岁月真奇妙，它一方面增添了老先生的阅历与智慧，另一方面并没有轻易改变老先生的容颜，精神矍铄，睿智从容，还真是像胡适那样，著书立说"文思如泉涌，下笔有神助"，越来越有苏轼说的那种"老夫聊发少年狂"的意味了。据悉，张楚廷教授迄今已出版111部学术著作（其中独著81部，涉及10个二级学科），发表1,300余篇论文（中国知网收录其论文350余篇，单篇被引最高达127次、下载次数最多达2700余次，其发文数、下载量与被引率实属惊人）。单从数量来看，常人已不可望其项背了，就是放在当今全省乃至全国的学术界，那也是凤毛麟角。为此，我为老先生作了一幅对联：百部著作千篇文章，立言立德立功，教育哲学谁能敌？廿年校长卅载教授，春风春雨春日，桃李不言自成蹊。

　　哲学家彼得·基维（Peter Kivy，1934 — 2017）在谈到当代学术研究的方法时，提到了一个形象的比喻，即刺猬理论和狐狸理论。他说，刺猬知道一件大事，而狐狸知道许多小事。刺猬理论是关于某一学问的普遍理论，一种宏大风格，比如说黑格尔。然而如今的学术研究不再是刺猬时代，而是狐狸时代了。狐狸理论总是尽量克制宏大叙事的冲动，只研究某个具体的小问题。但是我们说，任何一个时代总有它的例外，即便是狐狸当道的时代，也会有刺猬。张楚廷教授就是一个例外，他在当今这个大多数学者专注于研究某一具体问题的狐狸时代，构建了一个以"人主义"哲学为核心的，涵盖了哲学、数学、教育学、管理学、体育、美学、文学等学科领域的学术思想体系，是一个典型的"刺猬理论"。张楚廷教授的理论成果之多，涉及领域之广，学术影响之深，不仅在我校历史上首屈一指，在整个高等教育界也是屈指可数。

　　可喜的是，无论是教育界，还是学术界，张楚廷学术思想的价值越来越受到重视，"张楚廷研究"已然成为一股学术热。仅中国知网，就收录了84篇以"张楚廷"为篇名的学术论文，且下载量超过了15,000次。近年来，以张楚廷学术思想作为科研项目选题和博士学位论文选题的研究也越来越多。我们举行张楚廷教授学术思想研讨会，可谓好雨知时节，当春乃发生，是一次恰逢其时、应势而发的学术盛会。

就我本人来说，张楚廷教授给我印象最深刻，甚至带给我感动的是，他始终把人，把"大写的人"作为其学术研究的核心价值追求。正如其《人颂》一文所讴歌的那样："人是神圣的思想者，人是神奇的缔造者，人是神通广大的呼唤者，人是千神万圣的创立者。"围绕"人"，张楚廷教授从哲学层面提出了"人主义"哲学理论；从教育层面，他创建了"人的课程"、"五I课程构想"；从数学层面，他用"公理"和"定律"对人作了阐释；从对马克思经典著作的阅读中，他对人的自由全面发展作了原创性的解读。他甚至说："对于尊严的渴望，对于自然的渴望，对于美的渴望，都是人的需要，都是人的本性之所在。""假若教育不思考'人是什么'，那就像律师不思考法是什么，就像医生不思考生理、病因、病理一样……如果对'人是什么'的问题不感兴趣，那就是对教育没有兴趣；如果对'人是什么'知之甚少，那就是对教育的知之不多；如果对'人是什么'知之有偏，那就不太可能使教育行驶在正轨。"像这样的精辟论述，在张楚廷教授的著作中俯身即拾，时常激起我的共鸣，引发我去思考。

英国教育家纽曼曾说过，一位好的大学校长是理想与行动兼备的人。张楚廷教授不仅是一位著作等身的教育思想家，也是一位创造了骄人业绩的教育实践家。我们都知道，张楚廷教授有着30年的校长生涯，前18年领导我校从一所内陆地区省属师范院校跻身国家"211工程"重点建设的大学行列；后12年又将湖南涉外经济学

1 张楚廷. 人论. 重庆：西南师范大学出版社，2015：242.

院从一所民办专科学校建设成为全国知名的本科院校。湖南师范大学能取得今天这样的成绩，能在中国高等教育界有今天这样的地位，与老校长张楚廷教授的贡献是分不开的。他提出的"财从才来"、"政从正出"、"有为才有位"等办学方略，对于我校现在的改革发展仍然具有十分重要的意义。张楚廷教授几十年如一日，锲而不舍，不断追求学术真理；同时还爱校如家，竭力推动我校事业发展。这些都值得我们学习与发扬光大。

不久前，习近平总书记在哲学社会科学工作座谈会上发表了重要讲话，提出要繁荣发展哲学社会科学，要造就高层次领军人物和高层次人才队伍。当前，我校正处于新的发展时期，争创一流大学，建设一流学科，归根到底，是要培育一流的人才，出名师，出大家。就像张楚廷教授说的，"师大出大师，大师出师大"。我们要有这样的豪气、胆气和底气。今天，我们举行张楚廷教授学术思想研讨会，其意义就在于营造尊师重教、崇尚大师的氛围，树立志存高远、潜心钻研、甘于寂寞、持之以恒的治学精神，造就湖南师范大学新一代的名师、大家，全面推进学校学科建设和教学科研工作迈上新的台阶。

（该文根据2016年我校举办的张楚廷教授学术思想研讨会发言稿改写。）

沉下心来做好一件事

2016年教师节前夕，中共湖南省委书记杜家毫来我校调研，在看望张楚廷教授时说："您几十年如一日，潜心学问，一心育人，是广大教师学习的楷模。"李双元教授也是这样一位教书育人的模范。从教60年来，李双元教授始终抱定学者的使命，潜心学问，教书育人，沉下心来把一件事做好，真正做到了学者、师者和仁者的完美统一。

左图
李双元教授

作为一名学者，李双元教授治学包罗宏富，耕耘不辍著春秋。李双元教授生于1927年，1955年毕业于武汉大学法律系，1957年受到不公正待遇，仍坚持学习，博览群书，20年不间断，1980年初回到武汉大学任教，1993年受聘我校终身教授。李双元教授不为世外纷扰所动，甘于寂寞潜心学问，构建了一个法律趋同化理论、国际社会本位理念及国际民商新秩序三位一体的国际私法思想体系，被誉为新中国国际私法学的奠基人之一。李双元教授著述等身，驰誉学林，专著10余部，教材10余部，论文100余篇，多部著作一版再版，《法学概论》更是出版至第12版，堪言洛阳纸贵；主译了德国萨维尼的《现代罗马法体系（第八卷）》和《牛津法律大辞典》等，可谓融通中外，出入古今，经典流传。

作为一名师者，李双元教授坚守三尺讲台，诲人不倦育桃李。从教60年来，李双元教授先后指导了博士40余人，硕士100余人，本科生数不胜数，可谓春晖播四方，桃李满天下。如今天莅临研讨会的中国政法大学校长黄进教授、中国人民保险集团股份有限公司副总裁李玉泉先生、商务部条法司原副司长杨国华先生、武汉大学副校长周叶中教授、"长江学者"特聘教授蒋新苗教授等一批专家学者都曾师从李双元教授。今年已届90高龄的李双元教授还坚持辅导本科生，时时叮嘱学生"不仅要看课本，做学问，还要看案例，亲身实践"。孟子提出，君子有三乐，其中一乐即"得天下英才而教育之"。[1]今天，李双元教授的学生济济一堂，谈笑有鸿儒，不亦乐乎！为师之幸，莫过于此。

作为一名仁者，李双元教授践行仁爱之道，春风化雨润桑梓。李双元教授始终对国家充满感情，上中学时就喊出了"我们岳云中学的学生是爱国的"之口号，激励广大同学一起追求进步。后在武汉大学任教时，在导师韩

1　孟子. 万丽华，蓝旭，译注. 北京：中华书局，2007：298.

德培（1911 — 2009）先生的指导下，他将学术的目光聚焦到了国际私法研究。那个时候，我国与德、日等国企业签订了很多合同，但是，由于我们经济曾一度处在停滞阶段，不得不提出终止部分合同。李双元教授与韩德培先生、周子亚（1911 — 1995）先生提出以不可抗力为理由终止合同，同时把已经执行的部分予以赔偿，最终经过谈判将赔偿减少了3/4，为国家挽回了巨大的经济损失，为改革开放事业做出了重大贡献，充分彰显了作为一名学者的使命与担当。

李双元教授不仅对党和国家充满感情，对于同事和朋友也总是以宽示人，以诚待人，平易近人。在校园里，我们总能遇到他穿一身简朴的衣服和一双显旧的布鞋，谈及老友轶事开怀大笑，无忧无惧。孔子在《论语·雍也》中提出"仁者寿"，[1] 说待人宽厚大度，有着高尚道德修养的人，一定能因"大德必得其寿"。[2] 今天，李双元教授已至鲐背之年，但依然面色红润，声如洪钟，精神矍铄。在这里，我衷心祝福李双元教授年高德劭，福寿康宁。

立德树人是教育的根本任务。今天我们举行李双元教授从教60年暨学术思想研讨会，就是要追求师者之榜样，感悟其教书育人的教育情怀；就是要追模学者之典范，传承其治学求真的探究精神；就是要追寻仁者之楷

1　朱熹．四书章句集注．北京：中华书局，1983：90.

2　朱熹．四书章句集注．北京：中华书局，1983：25.

模,体验其循大道而行的生命境界。前路漫漫,我们当效李双元教授为师治学之风骨,秉"学为人师行为世范"之理念,承"仁爱精勤"之精神,立大德,树新人,奋斗不息,求索不止!

恰逢佳期,欣然赋诗一首,以表敬意。

《为李双元教授九十华诞作》

人生最美夕照红,桑榆晚晴胜朝霞。
苍龙日暮还行雨,老树春深更着花。
无敌仁者少年志,怀瑾仗义走天涯。
陶令采菊今何在?岳麓云深有人家。

(该文根据2016年我校举办的李双元教授学术研讨会发言稿改写。)

后记

　　这本小书肇始于我2001年在美国加州大学圣迭戈分校做研究，2007年我去英国伦敦大学和罗伊汉普顿大学做交流副校长时做了进一步思考与收集资料，书中大部分文字形成于我2015年任校长之后。因书中文章皆是围绕"大学"这一主题而作，故名之为《大学的意义》。书中有的文章发表在《光明日报》《人民日报》《外语教学与研究》《中国大学教学》等报纸和期刊上，有的发表在由我主持的《新湖南》"麓山语丝"、湖南师范大学新闻网"黉门新语"专栏，有的则是我应邀作的讲座和报告改写。同时，该书获得教育部哲学社会科学研究重大课题攻关项目"我国外语教育改革和发展研究"（编号15JZD048）的资助，部分章节为其阶段性成果。

　　在该书写作和编辑过程中，得到了我的同事罗常军、黄林、申斐、杨安、徐兢一、鲁良、王绍平、粟用湘、晏昱、肖新祥的大力帮助；还得到了黄达人教授、张楚廷教授、麦克菲教授（Sidney A. McPhee）、陆建德研究员、黎大志教授、陈建初教授、向玉乔教授、吴果中教授、王建博士的启发与支持。外语教学与研究出版社，尤其是该社的总编辑徐建中先生、高等英语教育出版分社社长李会钦女士，还有冯涛、程序、黄浩三位女士，也给予了慷慨支持，付出了艰辛劳动。在此，我一并表示衷心感谢！